★ 职业教育城市轨道交通专业精品教材 ★

Chengshi Guidao Jiaotong Xinhao yu Tongxin Xitong

城市轨道交通信号与通信系统
（第2版）

张利彪　主　编
李建国　主　审

人民交通出版社股份有限公司
北　京

内 容 提 要

本书是职业教育城市轨道交通专业精品教材。全书介绍了城市轨道交通信号与通信的主要系统，包括基础信号设备、联锁系统、列车自动控制系统、通信传输系统、电话系统、无线调度系统、闭路电视、广播系统、时钟系统、商用通信系统和乘客信息系统，每个系统都从系统组成、系统功能及其控制方面进行了介绍。

本书以目标为导向，每章开始都设有"知识点"和"技能目标"，可作为职业院校城市轨道交通相关专业教材，也可作为城市轨道交通相关技术人员培训教材。

图书在版编目(CIP)数据

城市轨道交通信号与通信系统/张利彪主编.—2版.—北京：人民交通出版社股份有限公司，2020.9（2024.12重印）
ISBN 978-7-114-16722-5

Ⅰ.①城… Ⅱ.①张… Ⅲ.①城市铁路—交通信号—信号系统—职业高中—教材 Ⅳ.①U239.5

中国版本图书馆 CIP 数据核字（2020）第 127541 号

书　名：	城市轨道交通信号与通信系统（第 2 版）
著 作 者：	张利彪
责任编辑：	时　旭
责任校对：	刘　芹
责任印制：	刘高彤
出版发行：	人民交通出版社股份有限公司
地　址：	(100011)北京市朝阳区安定门外外馆斜街 3 号
网　址：	http://www.ccpcl.com.cn
销售电话：	(010)85285911
总 经 销：	人民交通出版社股份有限公司发行部
经　销：	各地新华书店
印　刷：	北京建宏印刷有限公司
开　本：	787×1092　1/16
印　张：	8
字　数：	184 千
版　次：	2010 年 3 月　第 1 版
	2020 年 9 月　第 2 版
印　次：	2024 年 12 月　第 2 版　第 4 次印刷
书　号：	ISBN 978-7-114-16722-5
定　价：	22.00 元

(有印刷、装订质量问题的图书由本公司负责调换)

Preface 第 2 版前言

随着我国城镇化规模不断扩大,流动人口与机动车数量快速增加,现有城市交通基础设施面临着巨大的挑战。城市轨道交通对改善现代城市交通拥堵局面、调整和优化城市区域布局、促进国民经济发展发挥的作用,已是不容置疑的客观现实。在城市化进程加快、新一线城市经济崛起的背景下,我国城市轨道交通迎来快速发展,城市轨道交通运营规模不断扩大,城市轨道交通运营人才需求问题也亟待解决。

本套城市轨道交通专业教材自 2010 年出版以来,在教学、科研和培训工作中发挥了重要作用,深受使用院校师生的好评。为体现城市轨道交通发展中新技术、新材料、新设备、新工艺和新标准的应用,更好地适应职业教育"校企合作,工学结合"的人才培养模式,满足实际教学需求,人民交通出版社股份有限公司根据使用院校师生反馈的意见和建议,组织相关专业教师、企业技术人员,对本套教材进行了全面修订。

本教材的修订内容主要体现在以下几个方面:

1. 更新信号机、转辙机、计算机联锁系统、ATP 监督功能、司机人机接口功能、广播系统构成等内容。

2. 增加应答器、传输系统与其他系统的接口、乘客信息系统的接口、TETRA 数字集群调度系统等内容。

3. 删除电气绝缘节的类型、系统的维修模式、系统维护管理功能等内容。

4. 部分章节增加了实训内容。

5. 更换了部分图片。

北京交通运输职业学院轨道交通专业的老师参与了本教材的修订工作:张利彪修订单元 1、2、4、7,高蓉修订单元 3、5、6,张荐修订单元 8、10、14,张伟华修订单元 9、11、12、13、15。全书由张利彪担任主编,李建国担任主审。

限于编者水平,书中难免有疏漏和错误之处,恳请广大读者提出宝贵建议,以便进一步修改和完善。

编 者
2020 年 5 月

Contents 目录

单元 1　概述 ·· 1
  1.1　城市轨道交通信号系统 ·· 1
  1.2　城市轨道交通通信系统 ·· 3
  复习思考题 ·· 5

单元 2　基础信号设备 ··· 6
  2.1　信号机 ·· 6
  2.2　转辙机 ·· 9
  2.3　轨道电路 ··· 13
  2.4　计轴器 ·· 17
  2.5　应答器 ·· 18
  2.6　UPS（不间断电源）设备 ·· 20
  复习思考题 ·· 23

单元 3　联锁系统 ·· 24
  3.1　联锁概述 ··· 24
  3.2　6502 电气集中联锁 ·· 25
  3.3　计算机联锁 ··· 28
  3.4　联锁系统的控制 ·· 32
  复习思考题 ·· 36

单元 4　列车自动控制（ATC） ··· 37
  4.1　ATC 的分类 ·· 37
  4.2　列车驾驶模式 ··· 43
  复习思考题 ·· 44

单元 5　列车自动防护（ATP） ··· 45
  5.1　ATP 系统的基本概念 ··· 45
  5.2　ATP 系统设备 ··· 45
  5.3　ATP 的功能 ·· 46
  复习思考题 ·· 49

单元 6　列车自动驾驶（ATO） ··············· 50
6.1　ATO 系统的基本概念 ··············· 50
6.2　ATO 系统的组成 ··············· 50
6.3　ATO 系统的功能 ··············· 51
6.4　ATO 和 ATP 对列车控制的区别 ··············· 52
复习思考题 ··············· 53

单元 7　列车自动监控（ATS） ··············· 54
7.1　ATS 系统的基本概念 ··············· 54
7.2　ATS 系统的组成 ··············· 54
7.3　ATS 系统的功能 ··············· 56
7.4　ATS 系统的控制 ··············· 58
复习思考题 ··············· 60

单元 8　通信传输系统 ··············· 61
8.1　通信传输系统的结构 ··············· 61
8.2　传输介质 ··············· 66
8.3　传输技术 ··············· 70
复习思考题 ··············· 73

单元 9　电话系统 ··············· 74
9.1　公务电话 ··············· 75
9.2　专用电话 ··············· 77
9.3　录音系统 ··············· 80
复习思考题 ··············· 81

单元 10　无线调度系统 ··············· 82
10.1　无线通信概述 ··············· 82
10.2　无线集群调度系统 ··············· 84
复习思考题 ··············· 90

单元 11　闭路电视 ··············· 91
11.1　闭路电视的系统构成 ··············· 91
11.2　闭路电视监控系统的功能 ··············· 94
11.3　闭路电视的控制 ··············· 95
复习思考题 ··············· 96

单元 12　广播系统 ··············· 97
12.1　广播系统的构成 ··············· 97
12.2　广播系统的功能 ··············· 98
12.3　广播系统的控制 ··············· 100
12.4　车站广播词 ··············· 101

复习思考题 · 103
单元 13　时钟系统 · 104
　13.1　时钟系统的构成 · 104
　13.2　时钟系统的设备及运行 · 107
　13.3　时钟系统的控制模式 · 107
　　复习思考题 · 108
单元 14　商用通信系统 · 109
　14.1　商用通信系统的需求 · 109
　14.2　城市轨道交通商用通信系统的构成 · 110
　　复习思考题 · 111
单元 15　乘客信息系统 · 112
　15.1　乘客信息系统的构成 · 112
　15.2　乘客信息系统的功能 · 114
　15.3　乘客信息系统的接口 · 115
　15.4　乘客信息系统显示优先级 · 115
　　复习思考题 · 116
附表　英文缩略对照表 · 117
参考文献 · 118

单元 1 概述

知识点
1. 城市轨道交通信号与通信系统的作用；
2. 城市轨道交通信号与通信系统的组成；
3. 城市轨道交通信号与通信系统的发展。

技能目标
1. 掌握城市轨道交通信号系统对列车的指挥作用；
2. 掌握城市轨道交通信号系统各组成部分之间的联系；
3. 掌握城市轨道交通通信系统对地铁运营安全和效率的作用。

1.1 城市轨道交通信号系统

1.1.1 城市轨道交通信号系统的作用

城市轨道交通信号系统是城市轨道交通最重要的设备之一，它不仅保证列车运行的安全，防止列车追尾、正向和侧向撞车及超速等安全事故的发生，同时能够在有限的建设规模下，通过小编组、大密度，最大限度发挥线路的运输能力，提高列车速度、运输效率和服务质量，还能够通过现代化的设备大大降低工作人员的劳动强度，降低运营成本等。

1.1.2 城市轨道交通信号系统的组成

城市轨道交通信号系统是由信号机、转辙机和联锁系统等组成，为列车司机提供信号显示指令、控制列车运行线路的转换和保证车站内进路不冲突，以保证列车运行安全和运输效率的设备。城市轨道交通信号系统已经不是传统意义上简单的信号显示，在保证安全的前提下要逐渐缩短列车的行车间隔、提高列车速度。城市轨道交通信号系统已经发展成一个包括列车自动防护(ATP)系统、列车自动驾驶(ATO)系统和列车自动监控(ATS)系统等设备的综合的列车自动控制(ATC)系统，如图1-1所示。ATC系统必须是安全、可靠和实时的。

(1) ATP系统的主要功能是对列车的速度监控和超速防护，通过实时的测速和测距，保证列车在安全的速度下行驶,必要时给出各种信号的提醒,甚至自动启动紧急制动,同时还能对列车进行安全性停车点防护和列车车门控制,在列车不能停稳时不允许列车运动等。

(2) ATO 系统的主要功能是完成列车在站间的自动运行,调节列车速度和进站定点停车,控制车门和屏蔽门,接受控制中心(OCC)的运行调度命令,实现站台扣车、站台跳停等。使用 ATO 系统,可以使列车处于一个最佳的运行状态,提高列车的正点率和乘客舒适度。

(3) ATS 系统是整个城市轨道交通系统的运营核心,在 ATP 系统、ATO 系统的支持下完成对列车状态的监督和控制,主要功能有:进路控制、运行图管理、运行调整、仿真培训、乘客向导等。

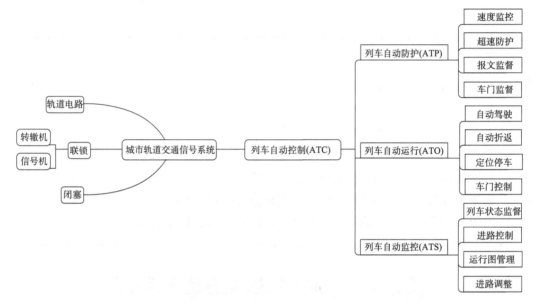

图 1-1　城市轨道交通信号系统的组成

1.1.3　我国城市轨道交通信号系统的发展

我国信号技术的发展比较晚,特别应用于城市轨道交通的 ATC 技术明显落后于一些发达国家。我国城市轨道交通信号系统的发展大致可以分为以下三个阶段。

(1) 第一阶段,我国自主研发设备阶段。伴随着北京地铁的建设,我国自己研制的具有完全知识产权的信号系统首先被应用在北京地铁的一期工程(北京地铁 1 号线)。当时的主要设备是自动闭塞、调度集中、列车自动驾驶和继电集中。在 20 世纪 70 年代,结合北京地铁二期(北京地铁 1 号线),我国又相继研发了 ATP 和 ATO 等列车自动控制系统,以实现列车行车指挥和运行的自动化,虽然系统的研制在当时接近国际先进水平,但由于当时我国的电子工业整体水平比较落后,系统的可靠性达不到运营的要求,有些设备很难使用,调度集中设备在 1984 年进行大修后使用到 1996 年。列车自动驾驶设备从 1969 年起在北京地铁一期线路试用 4 年,因性能不够完全和稳定,未能得到全面使用和推广。

(2) 第二阶段,对早期设备的改造和 ATP 的研制阶段。20 世纪 80 年代,对北京地铁一期(北京地铁 1 号线)苹果园到复兴门段进行了技术改造。1990 年对北京地铁环线调度集中设备进行了改造,研制微机调度集中系统。1998 年对北京地铁环线的车载设备进行了改造,自主研发了 ATP 车载系统,该设备极大地提高了列车运行的安全性,也在一定程度上减小了操作人员的工作强度。

(3)第三阶段,引进国外设备阶段。进入 21 世纪,城市轨道交通蓬勃发展起来,信号系统也开始快速发展,这时北京、上海、广州、重庆、南京等城市新建的城市轨道交通项目相继引入阿尔卡特公司、美国 US&S 公司、德国西门子、法国阿尔斯通等先进的信号系统设备。这些设备的引入,大大缩短了行车间隔,提高了运输的效率,提高了安全程度和通过能力。但也带来了诸多的问题,如造价昂贵,设备更新维护费用高;返修渠道不畅,备件不能保证,维修十分困难;制式混杂,给路网的扩张带来不便。

从 1999 年起,我国开始推行国产化策略,但是短期内全面掌握这些技术还有一定的困难,还要继续引进信号系统,相信随着我国经济的持续快速发展以及轨道交通市场的扩大,国产化技术一定能有较快的发展。

(4)第四阶段,信号系统国产化阶段。自 2010 年起,一批掌握自主基于通信的列车自动控制(CBTC)信号系统核心技术的高科技公司逐渐发展起来,国产化信号系统被用在各地的城市轨道交通中,特别是具有完全自主知识产权的全自动运行(FAO)系统在北京地铁的使用,标志着我国国产化信号系统的发展进入一个新的阶段。

1.2　城市轨道交通通信系统

1.2.1　城市轨道交通通信系统的作用

城市轨道交通通信系统是指挥列车运行、公务联络、传递各种信息和提高运输效率的重要手段,是保证列车的安全、快速、高效运行必不可少的综合的通信系统。通信系统还要和信号系统共同完成行车调度,为信号系统等提供信息传输通道,在发生火灾、事故等情况下,通信系统也是进行应急处理、抢险救灾的主要手段。

1.2.2　城市轨道交通通信系统的组成

城市轨道交通通信系统是保证列车安全运营的重要设备,主要由通信传输系统、电话系统、无线调度系统、广播系统、录音系统、闭路电视系统、时钟系统、乘客信息系统等组成,如图 1-2 所示。

(1)通信传输系统是城市轨道交通通信系统的基础,是系统各站点与中心及站与站之间信息传输、不同线路信息交换的通道。

(2)电话系统为城市轨道交通管理、运营和维修人员提供语音通信。它由公务电话和专用电话系统组成。

(3)无线调度系统是调度与司机通信的唯一手段,也是移动作业人员、抢险人员实现通信的重要手段。为了保证调度和司机通话的可行性,城市轨道交通并没有采用公众移动通信网络通信,而是建设了轨道交通专用的无线调度通信网络。

(4)广播系统是城市轨道交通运营行车组织的必要手段,它包括对乘客广播:通知列车到站、离站、线路换乘、时间表变更、列车误点、安全状况,播放音乐改善候车环境,范围涉及站厅、站台、列车车厢；防灾广播：突发或紧急情况，组织指挥事故抢险，提高应急响应能力；对运营人员广播：发布有关通知信息，协同配合工作。

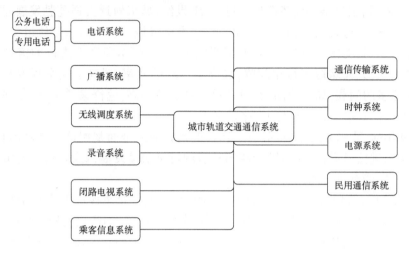

图 1-2　城市轨道交通通信系统的组成

（5）录音系统确保地铁控制中心调度员与车站运营人员之间调度指令和安全指令的正确保存，可对每个话路进行录音、监听、回放及识别来电号码，并运用信息化、网络化的技术，为地铁调度提供现代化的管理手段，提高管理部门信息的收集、处理、联动及反应能力，为各级管理人员提供准确、及时的分析数据，提高管理的工作效率。

（6）闭路电视系统为控制中心调度管理人员、车站值班员、站台管理人员和司机实时监控车站客流、列车出入站、乘客上下车提供图像信息，以提高运营组织管理效率，保证列车安全、正点，同时借助车站和中心录像进行安全及事故取证。

（7）时钟系统是为运营准时、服务乘客、统一全线设备标准时间而设置的，系统采用 GPS 全球卫星定位系统标准时间信息。

（8）乘客信息系统根据现行列车时刻表设定的信息和列车交通状况，通过乘客信息系统向乘客提供自动、实时、可视或广播告示。

除以上城市轨道交通运营必需的通信系统外，还有民用通信系统（为乘客提供在地铁内的无线通信、广播、无线上网等服务），以及为通信系统提供高质量电能的电源系统。

1.2.3　我国城市轨道交通通信系统的发展

我国城市轨道交通通信系统的建设始于北京地铁一期工程，当时是边研究、边设计、边投产、边安装的，70% 以上的设备属于试验性产品。在通信的业务上只考虑了单一模拟制，一律是话音实线传输，设备统一为机电式，设备组网上基本上是分散多址、封闭型状态，通信手段只有有线一种方式。虽然 1981 年建成 150MHz 调频、三话路、数话兼容、异频、双工电台，但是面对巨大沉重的运输任务，已不适应联动、协调的要求。

20 世纪 90 年代初，为了满足地铁运营安全、大容量、快捷的要求，必须要更换陈旧、损耗严重、质量低劣、故障频繁的设备，增加通信设备容量，扩大通信能力，提高通信的安全保障，建立光纤传输系统，光电复用，电视图像和文字、数据和传真兼容、有线和无线立体通信的多种业务的一体化网络。但是,这个阶段的设备仍然存在故障多、性能不稳定、设备功能不完善的状况。

进入21世纪,随着现代通信技术的快速发展和城市轨道交通的大规模兴建,通信系统已经成为由传输系统、电话系统、无线集群调度系统、录音系统、广播系统、闭路电视监控系统、时钟系统、乘客向导系统、商用通信系统等组成的一个功能强大的、一体化的集语音、文字、图像等多种媒体的综合系统。

复习思考题

1. 城市轨道交通信号系统的作用是什么?
2. 我国城市轨道交通信号系统发展第一阶段的特点是什么?
3. 简述城市轨道交通通信系统的组成。

单元 2　基础信号设备

知识点
1. 城市轨道交通信号的种类和作用；
2. 信号机的颜色和作用；
3. ZD6 转辙机的结构；
4. 轨道电路的作用和工作原理；
5. 计轴器的作用和工作原理；
6. 应答器的作用；
7. UPS 电源的作用和工作方式。

技能目标
1. 区分城市轨道交通信号灯不同显示的意义；
2. 掌握转辙机的作用和不同结构的意义；
3. 区分轨道电路不同状态的应用；
4. 掌握计轴器不同场景的使用；
5. 掌握应答器的使用方法；
6. 掌握 UPS 电源的使用。

2.1　信 号 机

诸如汽车在公路上行驶，城市轨道交通列车在各自轨道上行驶也需要遵从一定的信号指挥。为了保证列车行驶安全，提高运输效率，设有多种的信号用来指挥列车的行车作业。城市轨道交通的信号主要有地面固定信号、车载信号、轨旁指示标志和手信号等（图 2-1）。

地面固定信号是固定设置在规定位置的信号装置，城市轨道交通采用色灯信号机，通过地面信号机颜色的显示，来指示列车运行。

城市轨道交通为满足大容量和小间隔的运输多采用 ATC 系统，自动化程度比较高，一般采用"地面信号显示与车载信号系统相结合、以车载信号系统为主"的运用方式，列车的运行速度不取决于地面信号机的显示，地面信号只起辅助作用，所以地面信号在一定程度上失去其主导地位,更多地以车载信号作为司机驾驶的命令信息。

a)地面固定信号

b)车载信号

c)轨旁指示标志

d)手信号

图2-1　各种信号

轨旁指示标志是在线路上提醒司机注意或者是在施工时临时加入的部分需要注意的信息。

手信号多在信号设备故障或者是特殊的运营时段等情况下使用,手信号员必须手持信号旗或手提信号灯发出手信号。

2.1.1　信号机的种类

城市轨道交通采用色灯信号机,以其显示灯光的颜色、数目和亮灯的状态来表示信号。色灯信号机有高柱和矮柱两种。高柱信号机安装在钢筋混凝土信号机柱上,主要使用在显示距离远、观察位置明显的地方,如车辆段的进段、出段信号机。矮柱信号机安装在信号机水泥地基上,一般使用在信号显示距离要求不远、隧道等安装空间有限的地方。色灯信号机主要有透镜式色灯信号机和LED信号机。

透镜式色灯信号机的种类有:高柱(安装在钢筋混凝土信号机柱上,由机柱、机构、托架、梯子组成)、矮柱(安装在信号机水泥基础上)、单机构(单显示、双显示、三显示)、双机构(四显示、五显示,还可以带引导信号、容许信号机构和进路表示器)。透镜式色灯信号机的每个灯位由灯泡(采用直丝双丝铁路信号灯泡)、灯座(定焦盘式灯座,调好焦后换灯无须再调)、透镜组、遮檐(防止阳光等光线直射时产生错误的幻影显示)、背板(黑色,背景暗,衬托信号灯光亮度,改善瞭望条件)等组成,如图2-2所示。透镜式色灯信号机的光系统灯泡置于透镜组的焦点处,使灯泡发出的光呈平行射出,光线集中,照射远。

LED小型信号机采用高亮度发光二极管作为信号机构的发光器件,解决了LED散射光聚焦等关键问题,采用高强度聚碳酸酯材料用于多点 LED 聚焦的蜂房式透镜,大幅增加了 LED 显示距离,采用铸铝外壳的密封拼装组合结构,信号机构的宽度由 260mm 减小到 150mm,机箱宽度由 200mm 减小到 170mm,实现了信号机构的小型化,如图 2-3 所示。

a)高柱信号机

b)矮柱信号机

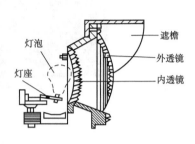
c)透镜式色灯信号机结构

图 2-2 透镜式色灯信号机

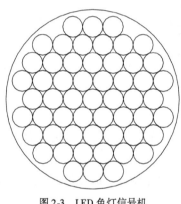

图 2-3 LED 色灯信号机

LED 色灯信号机构大小同透镜式色灯信号机,机构采用铝合金材料,信号点灯单元由 LED 发光二极管构成。LED 色灯控制系统,在与现有点灯控制电路兼容、LED 驱动电路与二极管供电方式的设计方面取得突破,从机械结构到电路的安全可靠性以及现场安装、操作、更换等方面,经不断完善、改进已形成系列产品。用 LED 发光盘取代信号灯泡显示距离超过 1.5km,使用寿命可达 10^5h,节能,聚焦稳定。显示颜色包括红、黄、绿、白等颜色,与透镜色灯信号机构颜色一致,满足灯光信号颜色标准要求。

2.1.2 信号机的设置及显示

城市轨道交通采用右行车制,地面信号机设于列车运行方向的右侧,地下部分一般装在隧道壁上。特殊情况下,可设于列车运行方向的左侧或其他位置。为了提高通过能力以及运输效率,进站、出站、通过、预告信号机采用高柱形式,调车等采用矮柱形式。

对于正线信号机和通行超限货物列车的站线信号机,限界所属轨道中心至信号机突出边缘距离为 2440mm,站线信号机为 2150mm。在曲线线路上,应按有关规定进行加宽。

色灯信号机基本上采用灯光颜色特征和灯光树木特征组合的显示方式,个别情况下采用闪光特征,并以信号机的外形来辅助区别一些特定的含义。视觉基本颜色是:红色为停车信号,表示禁止越过该信号机(信号熄灭或显示不明时,也应视为停车信号);绿色为允许信号,表示信号处于正常开放状态,可按规定速度通过该信号机;黄色为允许信号,表示信号处于有限开放状态,要求列车注意或减速运行。还有辅助色(月白色),用于指示调车作业时,表示允许越过该信号机调车;用于指示正线列车作业时,同时显示一个红灯信号,构成引导信号,表示准许列车越过显示红灯的信号机,并随时准备停车(我国城市轨道交通的信号系统没有对地面信号的显示方式和显示意义进行统一规定,因此信号显示存在一定差异,例如有的城市轨道交通公司采用一个红色灯光和一个黄色的灯光构成引导信号)。蓝色则用于调车信号机,表示禁止越过该信号机调车。信号机上同时点亮的基本灯光,原则上不能超过两个(附加灯光除外,如进路表示器)。

信号显示定位是指信号机经常显示的状态为信号机定位,其定位的选择一般考虑行车安全、行车效率等,除进出站信号机和通过信号机以绿色为定位,其他信号机以禁止信号为定位。

调车信号机在调车车列全部通过该信号机自动关闭,其他信号机都在列车第一轮对越过该信号机后自动关闭。

地面信号机点亮红色信号,地面信号机灭灯、显示不明或不正确,车载信号显示的目标速度为「0」,手信号员使用红色手信号来展示停车手信号,任何人高举双手或任何物件用力摇动都是停车信号。在非运营时间内所有地面信号,必须保持为停车信号,除非正在进行信号调试,工程车或特别列车需要通过进路区段,不可开放信号机,除非已刊登在「行车通告」或其他刊物上。

2.1.3 各种用途信号机

(1)进站信号机:设置在车站入口外方适当距离处,用于防护车站内作业安全。进站信号机显示一个红色灯光表示不准列车越过信号机进入站内,显示一个绿色灯光表示允许列车按规定速度越过信号机进入站内。

(2)出站信号机:进站信号机出站信号机设置在车站出口,即列车由车站向区间发车处前方,指示列车能否由车站进入区间。出站信号机显示一个红灯表示不准列车出站,显示一个绿灯表示允许列车出发进入区间。

(3)防护信号机:在正线道岔岔前和岔后适当地点设置防护信号机。

(4)阻拦信号机:在线路尽头处设置阻挡信号机,表示列车停车位置。阻挡信号机采用单显示机构,只有一个红灯。

(5)调车信号机:装设在经常进行调车作业的线路上,用来指示机车进行调车作业,一般采用白蓝两显示机构。

(6)通过信号机:采用 ATC 系统的城市轨道交通,自动闭塞通过信号机已经失去主体信号的作用,一般在区间不设置通过信号机。为便于司机在 ATP 设备发生故障时控制列车运行,可以根据需要设置通过信号机。

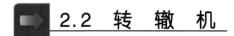

2.2 转 辙 机

2.2.1 道岔

道岔是机车车辆从一股轨道转入或越过另一股轨道时必不可少的线路设备,是铁路轨道的一个重要组成部分。由于道岔具有数量多、构造复杂、使用寿命短、限制列车速度、行车安全性低、养护维修投入大等特点,与曲线、接头并称为轨道的三大薄弱环节。道岔的基本形式有三种:即线路的连接、交叉、连接与交叉的组合。常用的线路连接有各种类型的单式道岔和复式道岔;交叉有直交叉和菱形交叉;连接与交叉的组合有交分道岔和交叉渡线等。

城市轨道交通最常见的道岔类型是普通单开道岔,简称单开道岔,其主线为直线,侧线由主线向左侧(称左开道岔)或右侧(称右开道岔)岔出,其数量占各类道岔总数的90%以上。

单开道岔以它的钢轨每米质量及道岔号数区分类型。目前我国的钢轨有75kg/m、60kg/m、50kg/m、45kg/m和43kg/m等类型,标准道岔号数(用辙叉号数来表示)有6、7、9、12、18、24号等。在城市轨道交通正线和站线中,9号道岔最为常用。

道 岔 号

道岔号用来表示道岔各部主要尺寸,通常用辙叉角(由岔心所形成的角)α的余切来表示,即:

$$N = \cot\alpha$$

道岔号越大,辙叉角越小,列车通过速度越大;反之道岔号越小,辙叉角越大,列车通过速度就会受到影响而变小。

2.2.2 转辙机的作用和要求

转辙机是道岔控制的执行机构,对于保证行车安全、提高行车效率有着非常重要的作用。在集中联锁设备中,转辙机的作用是接收到命令后带动道岔转换,其主要功能为转换道岔、锁闭道岔尖轨、表示道岔所在位置和监督道岔,具体表现和要求如下:

(1)根据操作要求,将道岔转换至定位或者反位。应具有足够大的拉力,带动尖轨做直线往返运动。当尖轨受阻不能转换到底时,应随时通过操作使尖轨回复至原位。

(2)道岔转换至规定位置而且密贴后,自动实行机械锁闭,防止外力改变道岔位置。当尖轨和基本轨不密贴时,不应进行锁闭;一旦锁闭,不由于车辆通过道岔时的振动而错误解锁。

(3)当道岔尖轨与基本轨密贴后,正确反映道岔位置,并给出相应表示。

(4)发生挤岔以及道岔长时间处于"四开"位置(尖轨与基本轨不密贴)时,及时发出报警,道岔被挤后,在未修复前不应再使道岔转换。

通常一组道岔由一台转辙机牵引,如果正线采用9号道岔,尖轨部分需要两台转辙机牵引。

2.2.3 转辙机的分类

(1)按动作能源和传动方式分,可分为电动转辙机、电动液压转辙机。电动转辙机由电动机提供动力,采用机械传动方式,ZD6系列、S700K型转辙机都属于电动转辙机。电动液压转辙机由电动机提供动力,采用液压传动方式,简称电液转辙机。

(2)按供电电源分,可分为直流转辙机和交流转辙机。直流转辙机采用直流电动机,目前使用较多的ZD6系列电动转辙机就是直流转辙机。交流转辙机采用三相交流电液,电动机为三相异步电动机。一些地铁公司采用的S700K型、ZD(J)9等转辙机即为交流转辙机。

交流电动机没有换向器和电刷,故障率低,单芯电缆控制距离远。

(3)按锁闭方式分,可分为内锁闭转辙机和外锁闭转辙机。内锁闭转辙机锁闭机构设置在转辙机内部,尖轨通过锁闭杆与锁闭装置连接。ZD6等系列电动转辙机大多采用内锁闭方式。外锁闭转辙机依靠转辙机之外的锁闭装置直接锁闭密贴尖轨和基本轨,不仅锁闭可靠程度较高,而且列车过岔时对转辙机冲击力小,有利于减少转辙机故障。

2.2.4 ZD6型转辙机

在城市轨道交通车辆段和停车场使用 ZD6 型直流转辙机。ZD6 型电动转辙机主要由电动机、减速器、主轴、自动开闭器、动作杆、表示杆、底壳等组成,如图 2-4 所示。

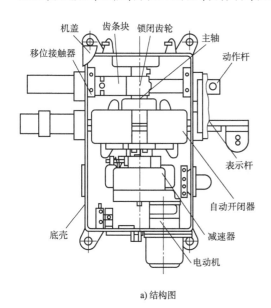

a) 结构图　　　　　　　　　　　　b) 实物图

图 2-4　ZD6 型转辙机结构图与实物图

1)电动机

电动机要有较大的启动转矩,以克服尖轨与滑床板之间的静摩擦。同时,道岔需要定反位转换,要求电动机能够逆转,通过改变定子绕组中或电枢(转子)中的电流的方向来实现。两个定子绕组通过公共端子分别与转子的绕组串联。额定电压 160V,额定电流 2.0A,额定转速 2400r/m,额定转矩 0.8826N。电动机接线图如图 2-5 所示。

2)减速器

为了得到足够的转矩,要求将电机的高速旋转降下来。减速器由两级组成:第一级小齿轮带动大齿轮,减速比为 103∶27;第二级为行星传动式,减速比为 41∶1,总的减速比为 103/27 × 41/1 = 156.4。

3)传动装置

传动装置包括减速齿轮、输入轴、减速器、输出轴、起动片、主轴。起动片是介于减速器与主轴间的传动媒介,它连接输出轴与主轴,利用其正反两面相互垂直成"十"字形的沟槽,在旋转时补偿两轴不同心的误差,同时还能够对自动开闭器起到控制作用。主轴带动锁闭齿轮,通过与齿条块配合完成转换和锁闭道岔。

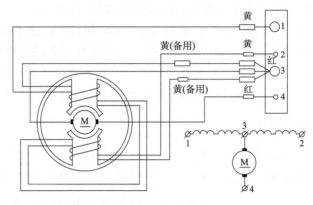

图 2-5　电动机接线图

4) 转换锁闭装置

锁闭齿轮和齿条块将旋转运动变为直线运动以带动道岔的尖轨位移,并完成内部锁闭(图 2-6)。

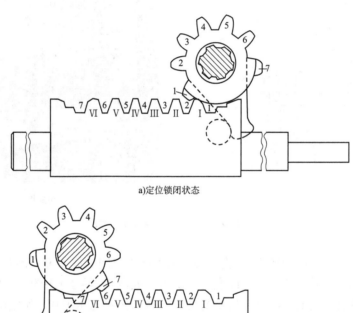

a) 定位锁闭状态

b) 反位锁闭状态

图 2-6　锁闭位置

动作杆的一端与道岔的密贴调整杆相连,带动尖轨运动。通过挤切削和齿条块联成一体,正常工作时,与它们一起运动。挤岔时,动作杆与齿条块能够迅速脱离联系,保护了机内的部件。

5) 自动开闭器

自动开闭器用来及时、正确反映道岔尖轨的位置,并完成控制电动机和挤岔表示的功能。

拉簧、速动片、检查柱在正常转换过程时,对表示杆缺口起到探测作用。道岔不密贴,缺口位置不对,检查柱不会落下,阻止动接点块动作,不构成道岔表示电路。挤岔时,检查柱被表示杆顶起,迫使动接点块转向外方,断开表示电路。速动片配合起动片完成解锁和锁闭功能,使速动爪落入其梯形凹槽之中。

自动开闭器有 2 排动接点、4 排静接点,编号是站在电动机处观察,自右向左分别为 1、2、3、4、5、6 排,每排有 3 组接点,自上向下顺序编号,如 11、12、13、14、15、16(图 2-7)。

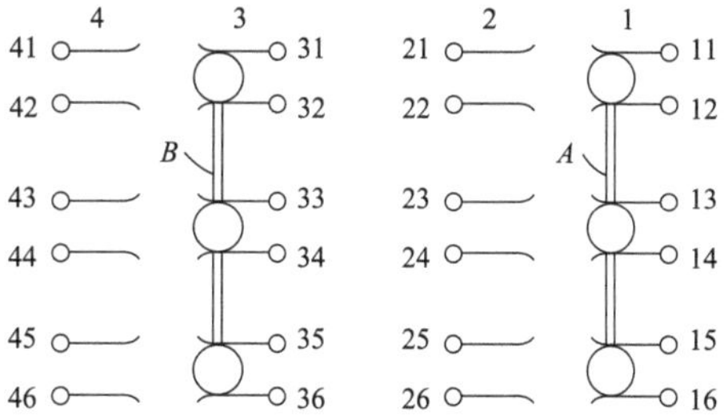

在定位状态时,有第 1、3 排接点闭合,和 2、4 排接点闭合两种方式。其中,2、3 排接点是表示接点组,1、4 排为动作接点组。道岔转换时,先断开表示接点组,最后断开动作接点组。

图 2-7　自动开闭器接点

6)摩擦连接器

摩擦连接器是保护电动机和吸收转动惯量的连接装置。当道岔因故转换不到底时,电机的电路不能断开,如果电动机突然停转,电动机将会因为电流过大而烧坏。另外,在正常使用过程中,可以消耗电动机的惯性,以避免内部器件受到撞击或毁坏。

7)挤切装置

挤切装置包括挤切削和移位接触器,用来进行挤岔保护,并给出挤岔表示。

两挤切削将动作杆与齿条块连成一体。正常转换时,带动道岔。当来自尖轨的挤岔力超过挤切削能承受的机械力时,主副挤切削先后被挤断,动作杆在齿条块内移动,道岔即与电动转辙机脱离机械联系,保护转辙机的主要机件和尖轨不被损坏。

2.3　轨道电路

轨道电路是由钢轨线路和钢轨绝缘构成的电路。轨道电路的作用是监督列车的占用状态,反映线路的空闲状况,为开放信号、建立进路或构成闭塞提供依据;传递行车信息(如移频自动闭塞利用轨道电路传递不同的频率信息来反映列车的位置),决定通过信号机的显示或决定列车运行的目标速度,从而控制列车运行。

2.3.1　轨道电路的基本原理

(1)轨道电路是以铁路线路轨道作为导体,两端加以机械绝缘,接上送电和受电设备构成的电路,如图 2-8 所示。

(2)轨道电路的两端分别设有送电端和轨道继电器(图 2-9),当轨道继电器中有电流时,轨道继电器吸起,继电器前接点和中接点闭合;当轨道继电器没有电流时,轨道继电器落下,后接点和中接点闭合。

(3)当轨道电路内钢轨完整,没有列车占用轨道时,继电器吸起,表示轨道电路空闲。这时轨道电路处于调整状态,如图 2-10 所示。

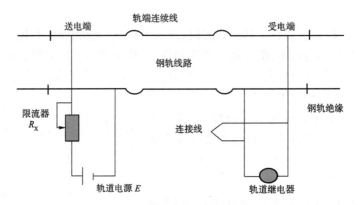

图 2-8 最简单的轨道电路

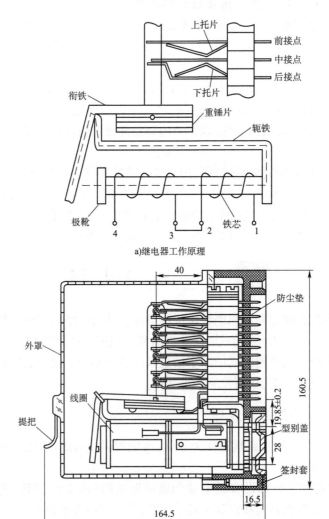

a) 继电器工作原理

b) 轨道继电器结构图(无极继电器)

图 2-9 轨道继电器(尺寸单位:mm)

(4)当轨道电路被列车占用时,轨道电路被轮对分路,轮对电阻远小于轨道继电器线圈的电阻,流经轨道继电器的电流大大减小,轨道继电器落下,表示轨道电路被占用,这时轨道电路处于分路状态,如图2-11所示。

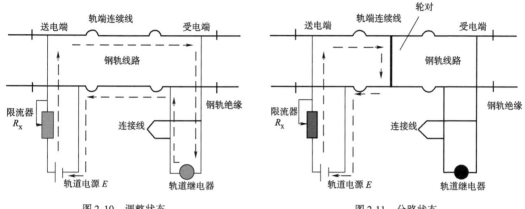

图2-10 调整状态　　　　　　　　图2-11 分路状态

(5)当轨道电路的钢轨被折断时,轨道电路受电端轨道继电器中无电流通过,反映为钢轨断轨,如图2-12所示。

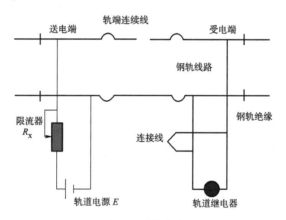

图2-12 断轨状态

2.3.2 道岔区段的轨道电路

道岔区段的轨道电路主要有串联式和并联式。

串联式轨道电路(图2-13)电流要流经整个区段的所有钢轨,可以检查所有跳线和钢轨的完整,比较安全。但其结构复杂,由于增加了一组道岔绝缘和两根用电缆构成的连接线,故给施工、维修带来不便。

并联式轨道电路(图2-14)电路简单,但是因侧线只检查了电压,而没有检查电流,故当跳线或连接线折断,列车进入弯股时,会因弯股并没有设置继电器,GJ仍在吸起状态造成危险。此时,可以用双跳线来防护。

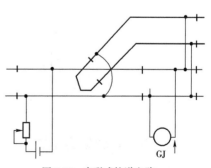

图2-13 串联式轨道电路

但是,当弯股钢轨折断,列车占用时,轨道继电器也不会落下,不符合故障安全原则。

一送多受轨道电路(图2-15),设有一个送电端,在每个分支轨道电路的另一端各设一个受电端,当任一分支分路时,分支轨道继电器落下,主轨道继电器也落下,实现对轨道电路空闲与否的检查。

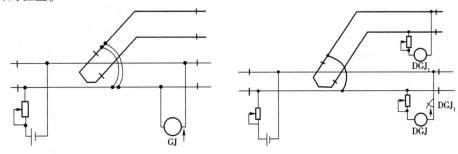

图2-14　并联式轨道电路　　　　　　图2-15　一送多受轨道电路

2.3.3　轨道电路的极性交叉

有钢轨绝缘的轨道电路,为了实现对钢轨绝缘破损的防护,要使绝缘节两侧的轨面电压具有不同的极性或相反的相位。

如图2-16所示,1G和3G相邻轨道电路没有极性交叉。当1G有车占用,绝缘节破损,流经1GJ的电流等于两个轨道电源之和,1GJ可能保持吸起状态,危及行车安全。

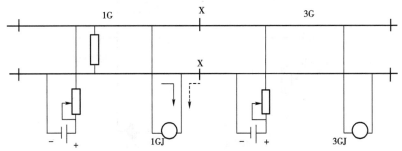

图2-16　未实现极性交叉的轨道电路

如图2-17所示,当实现极性交叉后,则不会出现因绝缘节破损而危及行车安全的情况。

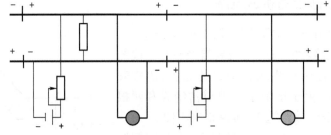

图2-17　实现极性交叉的轨道电路

2.3.4　音频轨道电路

城市轨道交通的轨道电路不仅用来检测列车的占用情况,更重要的是传输列车的行车信息,所以在正线区段采用音频轨道电路(图2-18)。音频轨道电路采用无绝缘的轨道电路,用电气隔离的方法形成电气绝缘节,取代机械绝缘。

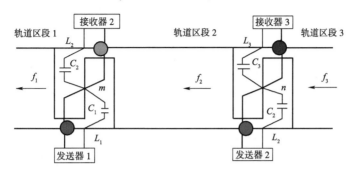

图 2-18 音频轨道电路原理图

发送器的一个输出端和接收器的一个输入端接在 S 形导线的中间。电容器 C_2 与钢轨 L_2 及 S 形电缆的一半组成谐振于轨道区段 2 音频频率 f_2 的并联谐振电路。两个并联谐振回路分别对 f_1、f_2 信号呈现高阻抗,使信号能够被发送和接收。

在轨道电路的检测过程中,接收器对收到的信号幅值进行计算,当接收到的轨道电压幅值足够高,并且轨道电路调制器鉴别编码调制正确时,接收器发送"轨道空闲"信号,轨道继电器吸起表示"轨道区段空闲"。当车辆进入区段,因为车辆轮对的分路作用,该区段被短路,接收端的接受电压减小,轨道达不到相应工作电压,继电器落下,发出"轨道占用"的信号。

音频轨道电路的工作方式分为以下四种:

(1)传输轨道电路报文,用于检查轨道电路区段占用情况。

(2)传输 ATP 列车报文。当列车进入区段,使接收电平下降,电平监测模块产生触发信号给报文转换控制器,控制器位置发生翻转,使轨道电路发送 ATP 列车报文。

(3)双向发送信息,具有方向性。ATP 设备从联锁系统获得进路方向信息,输出控制信息给轨道电路双向切换装置,切换发送端和接收端。

(4)作为列车的定位设备。轨道之间的分割点作为列车因空转/打滑等引起的位置变化的校正点。

2.4 计 轴 器

2.4.1 概述

计轴器由传感器、计数比较器等组成,如图 2-19 所示。计轴器是计算车辆进出区段的车轴数的设备,用于监督列车占用,且不受轨道线路、道床状况的影响。CBTC 城市轨道交通线路无线设备发生故障时,用计轴器检查列车位置,构成"降级"信号。

(1)传感器是计轴器的基础设备,其作用是将机车、车辆通过的车轴数转换成电脉冲信号。传感器一般采用电磁式。电磁式传感器由磁头、发送器、接收器三部分组成。磁头有一个发送线圈和一个接收线圈,分别装在钢轨的两侧。发送器向磁头的发送线圈馈送较高频率的电流,使其周围产生交变磁场,并通过空气、钢轨、扣件等不同介质环链到磁头的接收线圈,感应出交流电压。车轴通过磁头时,车轮的屏蔽作用和轮缘的扩散作用,使环链到磁头的接收线圈的磁通量发生变化,并使感应电压显著降低。接收器将这个变化的感应电压转换成车轴电脉冲信号。

(2)计数比较器主要由计数器、鉴别器、比较器组成,它将进出两个计轴点之间的车轴电脉冲信号进行计数和比较,以判断区间(或轨道区段)是否空闲。

2.4.2 计轴器工作原理

如图 2-20 所示,在区间始端和末端各有一传感器,当车轮进入始端轨道传感器作用区时,传感器发出电脉冲信号给计数器,开始计轴进行加轴运算。当车轮进入末端轨道传感器作用区时,传感器同样发出电脉冲给计数器,进行减轴运算。计数器显示如为 0,表明此时区间无车;如不为 0,则表明此时区间有车占用。

图 2-19　计轴器

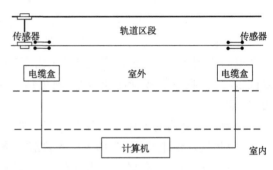

图 2-20　计轴器工作原理

2.5　应　答　器

城市轨道交通列车运行自动控制系统中,应答器的应用很普遍。最早在上海轨道交通 1 号线的 ATC 系统中,采用无源和有源应答器,实现列车在车站的程序定位停车控制,其后在"距离定位"的 ATC 系统中,轨间采用了大量的定位应答器,也称"信标"。近年来,我国城市轨道交通陆续采用基于无线通信的 CBTC 系统,从而废除了轨道电路,而为了检测列车在线路上的精确位置,普遍、大量地采用了应答器。

应答器是一种可以发送数据报文的高速数据传输设备,分为无源应答器和有源应答器两种。地面应答器实现地对车的数据传输。地面无源应答器具有列车运行固定信息;有源应答器与地面电子单元相连接时,能提供实时可变的信息。地面电子单元是一种数据采集与处理单元,当有数据变化时,可将变化后的数据形成报文,并送给地面应答器,进而传送给列车。

地面应答器可以单个设置,也可以按编组形式设置,组内每个应答器均发送一组报文,所有报文综合定义了该应答器组所代表的信息含义。例如,在 CBTC 系统中,在线路入口处设置有两个距离固定的地面应答器,它们为一组,构成"初始化"应答器,不仅能够使列车识别运行方向和在线路上的绝对位置,而且可以计算"轮径"补偿值,校正距离定位的误差。

一般车载查询天线是一个双工的收发天线,既可以向地面发送激活地面应答器的功率载波,还能够接受地面应答器发送的数据报文。车载查询器对地面应答器的数据进行处理分析,然后传送给车载 ATC 系统,完成相应的控制。车载接收设备包括滤波、解调、微处理器等模块。

2.5.1 无源应答器

无源应答器作为一种电磁设备,如图 2-21 所示,它没有外接电源供电,平时无源应答器处于静止休眠状态。当列车经过无源应答器上方时,地面应答器接收到车载天线传递的载频能量,获得电能量使地面应答器的信号发生器工作,然后将事先存储在地面应答器中的数据传送出去。这些信息包括公里标、线路坡度、限速等各种数据信息。列车接收到这些信息,通过车载控制系统得出最佳的运行速度,以保证行车安全。此外,也可以根据接收到的信息确定列车在线路的精确位置。

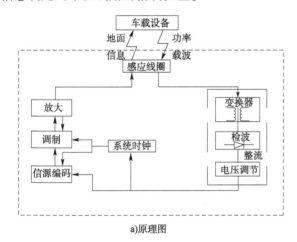
a)原理图

b)实物图

图 2-21 无源应答器原理图与实物图

2.5.2 有源应答器

有源应答器需要外接电源向其供电。如图 2-22 所示,它由可变信息应答器、轨旁电子单元(LEU)、车站信息编码设备和连接电缆组成。有源应答器接有车站信息编码设备,因此有源应答器内的数据报文可以随外部控制条件产生变化,例如设置于地面信号机旁的应答器,可将信号机的显示状态的数据信息通过应答器传送给列车,对应信号机的不同显示,数据信息是可变的。在城市轨道交通点式 ATP 子系统中,有源应答器得到广泛的应用,另外在 CBTC 的后备系统中也普遍采用。当列车接近到应答器的一定距离时,地面应答器内的数据保持不变,当列车远离应答器时,数据可以随时变化。车站内的信息编码设备和车站联锁系统结合,采集联锁系统的有关信息,例如信号机的显示、道岔的位置、临时限速等。这些信息经过编码设备编码后,通过串行接口传送至轨旁电子单元,再通过它控制地面有源应答器的发送,为列车提供实时的信息。

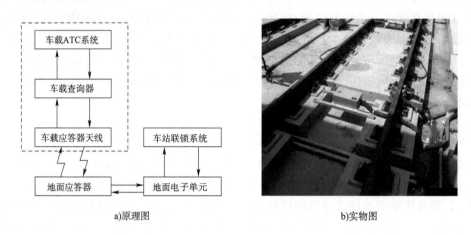

a) 原理图　　　　　　　　　　　b) 实物图

图 2-22　有源应答器原理图与实物图

2.6　UPS(不间断电源)设备

UPS 是一种含有储能装置,以逆变器为主要组成部分,提供恒定的电压和频率的电源设备。其主要的功能就是在市电正常时,将市电稳压后供给设备使用;当市电中断时给设备供电,维持设备的正常运行。典型的 UPS 结构如图 2-23 所示。

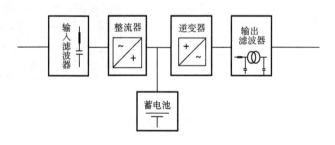

图 2-23　UPS 结构图

UPS 按照其后备方式分为三种:后备式 UPS、在线式 UPS 和在线互动式 UPS。

(1)后备式 UPS:市电正常工作时,仅对市电起稳压作用。逆变器不工作,处于停机状态,并对蓄电池充电,但无法改善对市电电网产生的不良影响;市电异常时,后备式 UPS 迅速切换到逆变状态(切换时系统有中断),将蓄电池的电能转换为正常的交流电输出对负载供电。

(2)在线式 UPS:市电正常时,UPS 先将市电变成直流给蓄电池充电,然后逆变成交流电给负载;市电故障时,由蓄电池供电,逆变器输出正常交流电。逆变器始终处于工作状态,系统不存在中断。信号系统的 UPS 设备使用在线式 UPS。

(3)在线互动式 UPS:市电正常时,逆变器方向工作给蓄电池充电;市电异常后,逆变器工作,将蓄电池的直流电转化为交流电给负载。

手摇道岔

1. 实训目的

学习和联系手摇道岔。

2. 实训设备

道岔、转辙机(ZD6、ZDJ9)、遮断器挂锁钥匙、手摇把、钩锁器、钩锁器钥匙、扳手、信号灯、对讲机、手电筒。

3. 实训步骤

(1) 明确需要手摇道岔情形。

运营期间,信号系统因故障无法排列进路时或者由于设备故障,不能通过 ATS 工作站对道岔进行转换位置时;工程期间,由工程主管指定特定手信号员或值班站长负责手摇道岔。

(2) 下线前准备工作。

向行车调度员或车辆段/停车场调度员要点,取得同意并设好防护后方可下线路。运营期间进入线路区间,距离最近走行轨小于1.8m时必须格外小心。手摇道岔时,距离三轨不得小于1m,否则,必须将三轨断电并接地。带齐工具,严格劳保着装,必须穿着绝缘鞋、荧光识别服、戴手套。

(3) 手摇道岔。

"一看"(位置、状态):看道岔开通位置是否正确,是否需要改变开通位置;是否有钩锁器;尖轨与轨道间的空隙是否有异物(图 2-24)。

图 2-24 "一看"操作

"二开":打开遮断器挂锁,ZDJ9 型转辙机将遮断器锁扣横向拉开,遮断器向上提;ZD6 型转辙机拉开锁扣,向外拉遮断器再向下拉遮断器,使启动电路断开,同时露出手摇把插孔(图 2-25)。

a) 开钩锁器

b) 开ZD6型遮断器

c) 开ZDJ9型遮断器

图 2-25 "二开"操作

"三摇":将摇把插入插孔,手摇摇把将道岔转换至需要的位置,听到转辙机"咔嚓"落槽声,即表明道岔已锁闭,停止摇道岔(图 2-26)。

图 2-26 "三摇"操作

"四确认":确认开通位置是否正确,检查尖轨是否密贴,开通"定位"或"反位",由另一人应答确认(图 2-27)。

a)确认开通位置　　　　　　　　　b)确认密贴

图 2-27 "四确认"操作

"五加锁":如图 2-28 所示,双人确认道岔位置正确后,放置止动楔,用钩锁器锁定尖轨于该位置(视运营情况而定)。

图 2-28 "五加锁"操作

"六汇报":向车站缩控室汇报道岔开通位置及加锁情况,如:"X 号道岔开通定/反位,尖轨密贴(并已加锁)。"

复习思考题

1. 城市轨道交通信号机有哪几种状态，各代表什么意义？
2. 根据用途不同，信号机有哪几种？
3. 转辙机的作用和要求是什么？
4. ZD6型转辙机有哪些部分？各部分是什么作用？
5. 简述轨道电路的基本原理。
6. 试画出串联轨道电路的电流走向。
7. 简述计轴器的工作原理。
8. 简述无源应答器的工作原理。

单元 3 联锁系统

知识点
1. 联锁的定义；
2. 联锁的内容；
3. 6502 电气集中的组成；
4. 计算机联锁的组成。

技能目标
1. 掌握联锁系统对列车进路控制的过程；
2. 掌握计算机联锁的基本操作；
3. 掌握联锁系统进路建立的基本过程。

3.1 联锁概述

在铁路车站上，为了保证机车车辆和列车在进路上的安全，有效利用站内线路，高效率地指挥行车和调车，改善行车人员的劳动条件，利用机械、电气自动控制和远程控制、计算机等技术和设备，使车站范围内的信号机、进路和进路上的道岔相互制约，这种关系称为联锁。联锁是车站联锁的简称，是信号设备的重要组成部分。

车站内有许多条线路，它们通过道岔相连接，当道岔开通不同的方向时，列车就会有不同的进站或出站路线即有不同的进路。如图 3-1 所示，当道岔处于定位时，列车从线路Ⅰ进站；当道岔处于反位时，列车从线路Ⅱ进站。

进路(列车进出站排列出的一条通路)的防护由设于进路入口处的信号机来担当，所有的列车均需要根据信号机的开放来通过进路，进站信号机防护的范围是车站和列车接车进路；出站信号机防护的进路是应去区间，调车信号机防护的范围是调车进路和机车车辆所进入的线路。如果进路上的道岔位置不正确，或已有车占用，或敌对进路已建立，有关的信号机就不能开放。

联锁的基本内容包括：防止建立会导致机车车辆相冲突的进路；必须使列车或调车车列

经过的所有道岔均锁闭在与进路开通方向相符合的位置;必须使信号机的显示与所建立的进路相符。

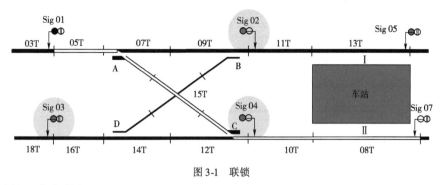

图 3-1 联锁

联锁的基本条件如下:

(1)进路上各区段空闲时才能开放信号机,这是最基本的要求。如果进路上有列车占用,此时信号机的开放则可能会引起列车相撞。

(2)当开放某一进路时,必须先将进路上的所有道岔扳到正确位置后,防护这一进路的信号机才能开放。如果信号机开放后,相关道岔还未处在正确位置,则车辆会进入异线,可能会引起列车与停留车的冲突。

(3)当防护某一进路的信号机开放以后,这一进路上的道岔应被锁闭,不能再扳动。

(4)当某一进路的信号机开放以后,与之敌对的进路(两条或两条以上的进路,有一部分相互重叠或交叉,有可能发生列车或机车车辆冲突)的信号机应全部被锁闭,不能开放。

3.2 6502 电气集中联锁

继电器集中联锁电路曾有很多种制式,但经使用和几次改善,6502 电气集中被认为是较好的定型电路,并且在我国铁路工程中得到广泛应用。上海地铁 1 号线、北京地铁 1 号线车辆段、广州地铁 1 号线车辆段均采用 6502 电器集中。

6502 电气集中是组合式电路,也就是按道岔、信号机、轨道电路区段为基本单元设计成定型的单元电路,称为继电器组合。将各种组合按站场形状拼装起来即成为组合式电路。它采用双按钮选路方式,只需按压两个进路按钮,就能转换道岔、开放信号,而且不论进路中有多少组道岔均能一次转换,简化了操作手续,提高了效率。在解锁方式上,6502 电气集中采用的是逐段解锁。它把进路分成若干个区段,采用多次分段解锁的方式,即列车出清一段、解锁一段。

6502 电气集中的组成分为室内设备和室外设备两大部分,如图 3-2 所示。

室内设备有控制台、区段人工解锁按钮盘、继电器组合及组合架、电源屏、分线盘和轨道电路测试盘等,在室外设有色灯信号机、电动转辙机、轨道电路、电缆线路及电缆连接箱盒等设备。

控制台的盘面是按照每个车站站场的实际情况而布置的,盘面上的模拟站场线路,接发车进路方向,道岔和信号机位置均与室外站场实际位置相对应,如图 3-3、图 3-4 所示。

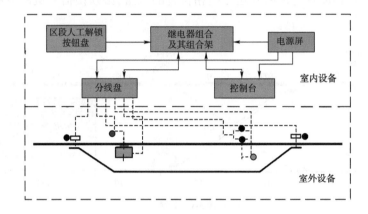

图 3-2　6502 电气集中的设备

图 3-3　控制台

6502 电气集中控制台是用各种定型的标准单元块拼装而成的,称为单元拼装式控制台。在控制台盘面上设有各种用途的按钮和表示灯及电流表。在控制台中部设有供车站值班员使用的工作台,下部背面设有配线端子板、熔断器及报警电铃。控制台是车站值班员集中控制和监督全站的道岔、进路和信号机,指挥列车运行和调车作业的控制中心;也是信号维修人员分析判断控制系统故障范围的辅助设备。

在离开控制台一定距离的室内墙面上,装设有区段人工解锁按钮盘。它是控制台操作时的辅助设备,当轨道区段因故障不能正常解锁时,用它办理故障解锁;在更换继电器或停电后恢复时,用来使设备恢复正常状态;或当用取消进路办法不能关闭信号时,可用它关闭信号。

在信号楼继电器室内设有继电器组合及组合架,如图 3-5 所示。

在电气集中车站需要大量继电器,把具有相同控制对象的继电器按照定型电路环节组合在一起,叫作继电器组合,简称组合。6502 电气集中的定型组合是根据车站信号平面布置图上的道岔、信号机和道岔区段设计的,共有 12 种定型组合。6502 电气集中采用通用的大站电器集中组合架。组合架分 11 层,其中 1～10 层安装继电器组合,每层安装一个继电器组合。继电器按组合放置在组合架上,每个组合包括的继电器数量最多不超过 10 个,以便安装在组合架上比较匀称,并能够有效地利用组合架的空间。继电器组合及组合架是实现电气集中联锁的设备。

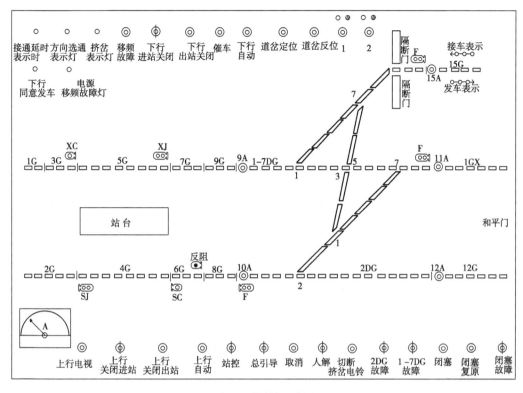

图 3-4　控制台示意图

图 3-5　继电器及组合架

为了集中对轨道电路的有关参数进行测试,在组合架上还设有轨道电路测试盘。

在信号楼电源室设有电源屏,电源屏是电气集中的供电设备,一般要求有两路可靠的电源,即主电源和副电源。主、副电源引至信号楼内,要能够自动和手动相互切换,经过稳压与地隔离和调制后,以保证不间断地供给电气集中设备各种交流电源和直流电源。6502 电气集中车站一般设置一套电源屏,其中包括转换屏一面、调压屏一面、交流屏两面(其中一面备用)、直流屏两面(其中一面备用)。

在室内电缆引出处还设有分线盘。电气集中的室内与室外联系导线都必须经过分线盘端子,它是室内外设备电缆连接处。

6502 电气集中室外设备主要有色灯信号机、电动转辙机和轨道电路,室外设备是 6502 电气集中控制和监督的对象。

如图 3-6 所示,所有区段均为空闲,Ⅱ道要接车。

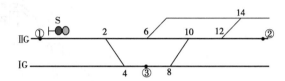

图 3-6　6502 电气集中进路办理

第一步:按下始端按钮①。

第二步:按下末端按钮②,在控制台的轨道表示盘上,所选出的进路从始端到终端呈现一条白色光带,即表示进路已被选出并已经锁闭。与进路有关的道岔(2、6、10、12 号)转到符合进路要求的位置,防护该进路的信号机自动开放,可以进行接车作业。

第三步:列车驶入该进路后,信号机自动关闭经过每一个轨道电路区段后,白光带变成红光带,表示列车占用该区段,然后又由红色变为灭灯状态,表示列车已经出清该区段。此时,可以利用该区段内的道岔建立新的进路。

当基本进路因故不能排通时,可以改为排列绕行的迂回进路。如图 3-6 所示,在Ⅱ道接车进路中,6 号道岔故障,则排列迂回进路时,先按下始端按钮①,再按压变更按钮③,最后再按下末端按钮②,则进路排通。

列车没到达信号机的接近区段时,拔出始端按钮①,信号机自动关闭,进路解锁。列车接近时,拔出始端按钮①后,信号机自动关闭,但进路还要延续一段时间后才解锁,以保证安全。

3.3　计算机联锁

计算机联锁,是指利用计算机对车站作业人员的操作命令及现场表示的信息进行逻辑运算,从而对信号机及道岔等进行集中控制,使其达到相互制约的车站联锁设备,即计算机集中联锁。

进入 21 世纪后,我国的计算机联锁发展非常迅速,新建车站都采用计算机联锁。

3.3.1　计算机联锁的优越性

(1)进一步完善了联锁控制功能。由于计算机联锁系统完全摆脱了继电联锁系统的网络结构,因而在技术上能够用较少的硬件投资和发挥软件的作用,较容易地解决网状电路难以解决的一些问题。

(2)计算机发出的控制信息和现场发挥的表示信息,均能由传输通道串行传送,可以节省大量的干线电缆,并使采用光缆成为可能。

(3)用 CRT(Cathode Ray Twbe,阴极射线管)屏幕显示代替现行的表示盘,大大缩小了体积,简化了结构,方便了使用,还可以根据需要多台并机使用。

(4)可靠性、安全性高。计算机系统可以最大限度地利用软、硬件资源,对直接危及行车安全的联锁逻辑处理和执行表示环节采用冗余及其他容错技术,从而保证整个系统的可靠性,安全性指标比继电联锁系统高。

(5)灵活性大。计算机联锁系统无论是硬件还是软件均采用标准化、模块化结构,不同规模和作业性质的车站或站场,只需要编制一些站场数据,选用功能不同和数量不等的模块组装即可。当站场改扩建时,计算机联锁系统用修改数据的方法,几乎不需要变更既有电路和联锁程序就能满足需要。

(6)便于系统维护。计算机联锁系统大部分是电子设备,这些电子设备没有机械磨损,所以日常维修量小。此外,计算机联锁系统往往具有完善的监测和故障诊断功能,便于维修人员分析查找和及时排除故障。

3.3.2 计算机联锁的组成

计算机联锁系统由硬件设备和软件设备构成。硬件设备包括联锁计算机(完成联锁和显示功能)、安全检验计算机(用以检验联锁计算机的运行情况,发现故障可导向安全)、彩色监视器、微型集中操纵台、安全继电输入输出接口柜、计算机联锁专用电源屏以及现场信号机、转辙机、轨道电路等室外设备。软件设备是实现进路、信号机和道岔相互制约的核心部分,由两部分组成:一是参与联锁运算的车站数据库;二是进行联锁逻辑运算,完成联锁功能的应用程序。车站数据库包括车站赋值表、车站联锁表、按钮进路表、车站显示数据等。应用程序由多个程序模块组成,即系统管理程序模块、时钟中断管理程序模块、表示信息采集及信息处理程序模块、操作命令输入及分析程序模块、选路及转岔程序模块、信号开放程序模块、解锁程序模块和站场彩色监视器显示程序模块等。

计算机联锁设备主要由人机交互层、联锁控制层、采集/驱动层和室外设备层构成,如图 3-7 所示。

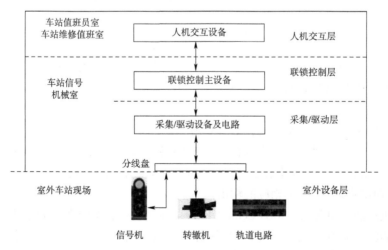

图 3-7 联锁系统的结构

1)人机交互层

人机交互层的设备一部分设置于车站值班员室,另一部分设置于车站维修值班室内。

人机交互层的功能是车站值班员通过其进行操作,向联锁层输入操作命令,接收联锁层输出的反映设备工作状态和行车作业情况的表示信息。维修人员通过其了解车站联锁设备的运行情况和故障情况,以便进行维修。

人机交互层由计算机室内的双机冗余上位机、维修机、车站值班员室内的显示操作终端和车站维修值班室内的操作显示终端构成;联锁控制层主要由微机室内的联锁主机构成;采集驱动层包括微机室内的采集/驱动板、机械室内的继电器接口电路和用于室内室外电缆交接的分线盘。人机交互层与联锁控制层之间、联锁控制层与采集/驱动层之间、采集/驱动层与室外设备层之间各自采用不同的通信方式相互连接和通信,构成一个具有三个层次的实时控制系统。

在计算机联锁系统中,要求将计算机采集的信号设备状态(如站场中信号机显示的颜色、道岔实际位置和轨道占用情况等信息)以及其他相关信息显示出来。常用的显示方式有CRT显示和LED(或LCD)方式,如图3-8所示。

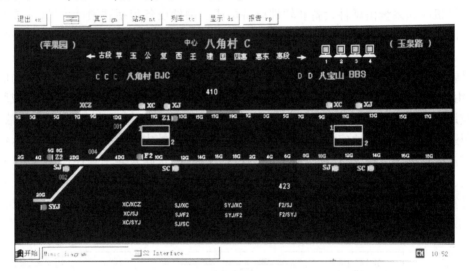

图3-8 计算机联锁显示

对于联锁系统的操作,目前大多数采用鼠标方式。该方式通过显示屏上的站场图来定位的。鼠标方式因其成本更低、站场改建时修改量小得到了广泛的应用。

2)联锁控制层

联锁控制层是车站联锁系统的核心,联锁层设备设置在车站信号楼的机械室内。联锁控制层的基本功能是实现联锁逻辑控制。联锁层接收来自人机交互层的操作命令,依据从采集/驱动层接收到的反映室外信号机、道岔和轨道电路状态的信息,结合内部的中间状态信息,进路联锁逻辑运算,产生相应的输出信息。

联锁主机一般由电源板、CPU(Central Processing Unit,中央处理器)板和各种通信板构成,且都采用冗余结构形式。一般采用单片机或可编程逻辑控制器(PLC)等制式。冗余的电源板接收来自车站电源屏提供的工业电源,转换成CPU板和各种通信板所能使用的低压电源供联锁主机使用。各种通信板用于实现与人机交互层和采集/驱动层之间的通信交互。CPU板通过通信板接收来自上位机下达的联锁命令,根据来自采集/驱动层的反映室外信号机、道岔和轨道电路的状态的继电器信息,进行联锁逻辑运算,并根据运算结果来下达动作室外信号设备的控制命令到采集/驱动层,如道岔的操纵、信号开放/关闭等。

联锁控制层是系统核心,进行联锁逻辑的处理。逻辑层应用了 2 取 2 和 3 取 2 等技术。

2 取 2 系统由两个各自独立的相同的系统组成,数据由两个通道输入,在比较的同时进行处理。如图 3-9 所示,只有当两个通道的处理结果相同时,结果才能输出,一旦检查出第一个故障,系统将停止工作,这样避免了连续出现故障所引起的危害。

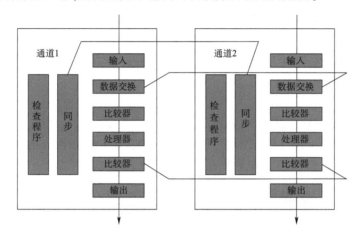

图 3-9　2 取 2 系统

3 取 2 系统由三个各自独立的相同的系统组成,数据由三个通道输入,比较和同时进行处理。如图 3-10 所示,只有当两个或三个通道的处理结果相同时,结果才能输出,一旦检查出第一个故障,相关的通道被切除,系统按 2 取 2 系统工作方式继续工作。

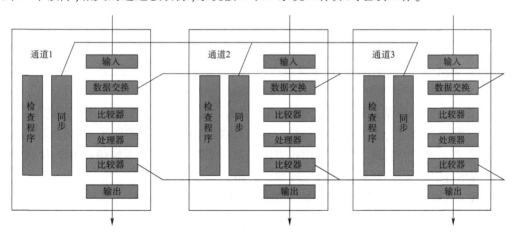

图 3-10　3 取 2 系统

3) 采集/驱动层

采集/驱动层为联锁层和室外设备层的中间层,在二者之间起信息交互、硬件电路的转换等功能,同时在硬件上进行隔离,以保证室内设备的安全性。例如,接收从联锁层来的操纵道岔到定位的信息后,为室外转辙机电路提供交流 220V 电源来接通转辙机电路,驱动室外道岔向定位转换,并实时检测道岔是否转换到定位,转换到定位后向联锁层反馈相应的道岔位置信息。联锁层和采集/驱动层是联锁控制的实际执行机构,必须具有故障-安全性。

采集驱/动层一般由具有采集/驱动功能的电路板和继电器电路两部分硬件构成。其中,继电器电路一般采用6502电气集中电路中信号机、道岔的接口电路,实现与室外信号机、转辙机、轨道电路等信号设备进行硬件连接。具有采集/驱动功能的电路板在联锁机和继电器电路之间起着信息转换和信息传递的作用,从联锁机实时接收信号开放/关闭、道岔操纵等操作命令来驱动继电器电路工作,继电器电路工作后将接通/断开室外信号机、转辙机等控制电路的工作。具有采集功能的电路板通过周期性地采集继电器电路中各个继电器的接点来得到室外信号设备的当前状态,将其提供给联锁控制层的联锁机,采集板的采集周期一般应不大于250ms。

4)室外设备层

室外设备层包括室外的信号机、转辙机和轨道电路等设备及其相应的动作电路,用于驱动室外信号设备的直接动作。例如,信号机的室外点灯电路,转辙机的电缆盒及转辙机内部接点电路等,这些电路和6502继电联锁系统的室外电路基本相同。

3.4 联锁系统的控制

3.4.1 进路的建立

进路建立指进路开始办理到防护该进路的信号机开放的这一阶段,主要包括进路元素的可行性检查,进路元素的征用,进路监督,开放信号。

3.4.2 进路解锁

(1)正常解锁。正常解锁指列车通过进路中的轨道区段后自动解锁,一般采用三点解锁法。

(2)取消进路。取消进路是指进路建立后,因人为需要而取消进路的一种解锁方式。一旦执行取消进路的操作,进路始端信号机立即自动关闭,检查是否需要延时,如果不需要延时,立即取消进路;否则,延时30s后检查进路的第一个轨道区段是否解锁或被车占用,如已解锁或被车占用,应终止解锁,否则,立即取消进路。

以图3-11中Ⅱ区段为例,当满足以下条件时,Ⅱ区段自动解锁:

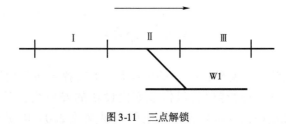

图3-11 三点解锁

①前一轨道区段（Ⅰ）和本轨道区段（Ⅱ）同时被占用；
②前一轨道区（Ⅰ）段出清并解锁；
③本轨道区段（Ⅱ）和下一轨道区（Ⅲ）段同时被占用；
④本轨道区段（Ⅱ）出清且后一轨道区段（Ⅲ）占用。

（3）人工解锁。进路建立好之后，当列车已驶入接近区段时，进路就处于接近锁闭状态了，这时若想变更计划，就不能用取消进路的办法了，而必须采用人工解锁。在人工解锁时，为了防止已经接近的列车或车列来不及制动而驶入信号机内方已解锁的区段，造成行车事故，要求进路的解锁必须自信号关闭后延长一段时间，延长后没车才能解锁。

（4）故障解锁。正常情况下，进路应随着列车驶过进路而自动逐段解锁，但由于某种故障，如轨道电路不能正常工作，区段可能不能正常解锁。因此，需要人为强行使该区段解锁，这种人为方式即为故障解锁或强行解锁。当对一个区段进行强行解锁时，系统立即关闭信号机，检查是否需要延时。如果不需要延时，则立即解锁该区段；否则，延时30s（该时间与列车的运行行速度有关）后检查该区段是否被列车占用。如果该区段已被列车占用，则终止执行，否则，立即解锁该区段。

3.4.3 列车运行的三级控制

列车运行时联锁系统的控制分中心级控制、远程控制终端的控制和站级控制，如图3-12所示。

（1）中心级控制。全自动列车监控模式，列车的进路设置命令由自动进路设定系统发出，其信息来源于时刻表和自动调整系统。

（2）远程控制终端的控制。在控制中心故障或控制中心与下级设备通信故障时，列车司机输入目的码，列车发送系统发出列车信息，远程终端产生控制命令。

（3）站级控制。列车运行进路控制在车站值班员工作站执行，值班员选择通过联锁区的预期进路，联锁控制逻辑检查进路没有被占用，并没有建立进路，然后自动排列进路。

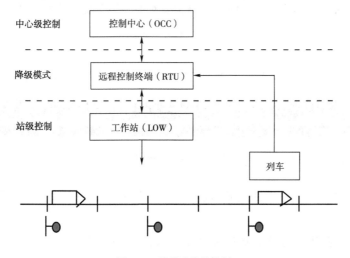

图3-12　联锁系统的控制

现地工作站的操作

1. 实训目的

掌握联锁系统现地工作站的操作。

2. 实训设备

联锁系统现地工作站(可使用模拟仿真设备)。

3. 实训步骤

(1) 进路建立。

点击 [进路建立]，点击始端信号机，该始端信号机所对应的所有进路的终端信号机名外围黄色闪烁(图 3-13)。

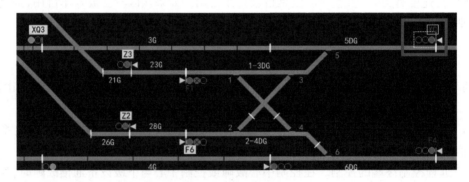

图 3-13 信号机闪烁显示

点击可选终端信号机，进路锁闭显示白光带，信号机显示绿灯或黄灯(图 3-14)。

图 3-14 进路办理显示

(2) 总取消。

点击 [总取消]，点击已建立进路始端信号机，进路取消，区段解锁，保护区段解锁(图 3-15)。

图 3-15 进路取消显示

(3) 总人解。

前置条件:进路开放，接近区段显示占用;使用总取消,取消该进路,信号机变为红灯,区段未解锁(图 3-16)。

点击 [总人解]，输入密码"1"，点击进路始端信号机，在集中站站名左侧显示倒计时(图 3-17)，待倒计时结束后该区段解锁(图 3-18)。

图 3-16　前置条件显示

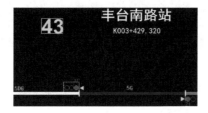

图 3-17　倒计时显示

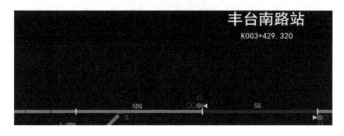

图 3-18　区段解锁显示

(4) 道岔总定。

功能菜单栏点击 [道岔总定]，并点击反位道岔，道岔随操作命令定位转动(图 3-19、图 3-20)。

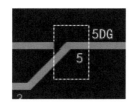 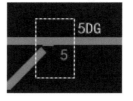

图 3-19　道岔反位显示　　图 3-20　道岔定位显示

(5) 道岔总反。

功能菜单栏点击 [道岔总反]，并点击定位道岔，道岔随操作命令反位转动(图 3-21、图 3-22)。

(6) 道岔单锁。

功能菜单栏点击 [道岔单锁]，并点击道岔，道岔名称变为红色，后续不响应道岔定/反位操作(图 3-23)。

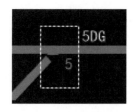 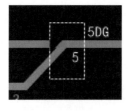 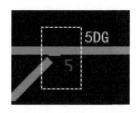

图 3-21　道岔定位显示　　图 3-22　道岔反位显示　　图 3-23　道岔单锁显示

(7) 区故解。

前置条件:建立一条进路,在教员机上设置该进路内非第一区段区段故障,该区段显示绿色光带(图3-24)。

图3-24 前置条件显示

点击 ,弹出密码窗,输入密码"1"并点击绿色光带。进行一次确认及二次确认,该绿色光带消失,区段锁闭解锁(图3-25)。

图3-25 区段解锁显示

复习思考题

1. 联锁的基本条件有哪些?
2. 计算机联锁的四个层次分别是什么?其作用是什么?
3. 简述2取2和3取2系统工作方式。
4. 简述联锁系统的三点解锁。
5. 简述联锁系统的三级控制。

单元 4　列车自动控制（ATC）

知识点
1. 闭塞的概念；
2. ATC 系统的分类；
3. 列车的驾驶模式；
4. 系统的维修模式。

技能目标
1. 区分和比较 ATC 系统的三种闭塞方式；
2. 掌握 ATC 系统的工作过程；
3. 掌握不同的驾驶模式在列车驾驶过程中的使用；
4. 掌握各种维修模式的使用。

列车自动控制（ATC）系统是城市轨道交通信号系统的核心，由列车自动防护（ATP）、列车自动驾驶（ATO）和列车自动监控（ATS）三个子系统组成。各子系统之间相互支持，实现对列车的控制，保障列车行驶的安全和提高运输效率。

4.1　ATC 的分类

城市轨道交通 ATC，按闭塞制式不同可以分为固定闭塞式 ATC、准移动闭塞式 ATC 和移动闭塞式 ATC；按通信方式不同可分为基于轨道电路的列车控制和基于通信的列车控制（CBTC）。

4.1.1　按闭塞制式分

所谓闭塞是为了防止列车发生相撞和追尾事故，确保区间行车安全而采取一定措施的方法。闭塞的基本原则是区间或闭塞分区内任何时刻只允许有一辆列车运行。19 世纪 40 年代以前，列车运行采用时间间隔法，即先行列车发出后，隔一定时间再发出同方向的后续列车。这种方法的主要缺点是不能确保安全。当先行列车运行不正常时（晚点或中途停车等),有可能发生后续列车撞上前行列车的追尾事故。为了克服这种缺陷,提出了空间间隔法,即先行列车与后续列车间隔开一定空间的运行方法。因为它能较好地保证行车安全而被广泛采用,逐步形成铁路区间闭塞制度。

闭塞经历了人工闭塞、半自动闭塞和自动闭塞三个阶段。

(1)人工闭塞,包括电话或电报闭塞、电气路签(牌)闭塞。

①电话或电报闭塞。区间两端车站值班员用电话或电报办理行车联络手续,由发车站填制路票,发给司机作为列车占用区间凭证的行车闭塞法。

②电气路签(牌)闭塞。只在单线铁路早期使用,以路签或路牌作为列车占用区间凭证的行车闭塞法。区间两端车站装设同一型闭塞机各一台(称为一组),彼此有电气锁闭关系。当一组闭塞机中存放路签(牌)总数为偶数时,经双方协同操作,发车站可取出一枚路签(牌),递交司机作为行车凭证。在列车到达前,这一组闭塞机中不能再取出第二枚路签(牌)。

(2)半自动闭塞,是我国铁路广泛采用的一种闭塞方式。采用半自动闭塞时,列车占用区间的凭证是出站信号机(线路所是通过信号机)的进行显示。出站信号机不能任意开放,它受半自动闭塞机的控制。只有当区间空闲,经过办理手续后,出站信号机才能开放。还应注意,出站信号机既要防护列车区间运行的安全,又要防护出发列车在站内运行安全。所以它既要受闭塞机的控制,又要受车站联锁设备的控制。

(3)自动闭塞,是由运行中的列车自动完成闭塞的方式。将两个相邻车站之间的区间正线划分成若干小段——闭塞分区,通过每个分区起点设置的一架色灯信号机进行防护。由于闭塞分区内钢轨上装设轨道电路,因而能够正确反映列车的运行情况和钢轨是否完整,并及时通过信号机显示出来,向接近的列车指示运行条件,行车安全有了进一步的保证。因为色灯信号机是随着列车的运行自动控制的,不需要人工操纵,所以叫自动闭塞。随着列车速度的提高和密度的加大,其闭塞方法则采用列车运行间隔自动调整。这种制式不需要将区间划分成固定的若干闭塞分区,而是通过地面处理机提供与前面列车的间隔距离等信息,控制列车速度,自动调整运行间隔,使之保持一定的距离。这种方式可以提高区间内的行车密度,大幅度提高区间通过能力,是今后发展的方向。

1)固定闭塞式 ATC

固定闭塞将线路划分为固定的区段,前后车的位置间距都是用固定的地面设备来检测;闭塞分区用轨道电路或计轴装置来划分。由于列车定位是以固定区段为单位的(系统只知道列车在哪一个区段中,而不知道在区段中的具体位置),所以固定闭塞的速度控制模式是分级的,需要向列车传送的信息只有速度码。

固定闭塞的闭塞长度较大,并且一个分区只能被一辆列车占用,不利于缩短行车间隔,除此之外,因为无法知道列车的具体位置,故需要在两辆列车之间增加一个防护区段,这使得列车间的安全间隔较大,影响了线路的使用效率。固定闭塞式 ATC 如图4-1 所示。

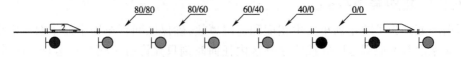

图4-1 固定闭塞式 ATC

注:图中"*/*"是区段的"入口/出口"速度,下同。

2）准移动闭塞式 ATC

准移动闭塞对前后列车的定位方式是不同的,如图 4-2 所示。前行列车的定位仍然沿用固定闭塞的方式,而后续列车的定位则采用移动的方式,即后续列车可以精准定位。

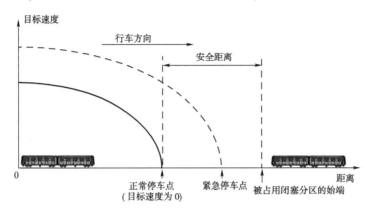

图 4-2　准移动闭塞式 ATC

由于准移动闭塞采用的是固定和移动两种定位方式,所以其速度控制模式既有连续的特点又有阶梯的性质,如图 4-3 所示。

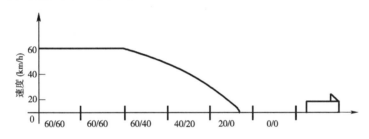

图 4-3　准移动闭塞速度控制

准移动闭塞在控制列车安全间隔方面比固定闭塞更进一步,可以告知后续列车继续前行的距离,后续列车也可以通过这一距离合理地减速或制动,从而可以改善列车控制,缩小时间间隔,提高线路使用效率。

3）移动闭塞式 ATC

移动闭塞(图 4-4)的特点就是前后两车均采用移动式的定位方式,即前后两辆列车均可精准定位。移动闭塞与固定闭塞的根本区别在于闭塞分区的形成方法不同。闭塞区间是假想的,各个闭塞分区之间没有固定的间隔点。

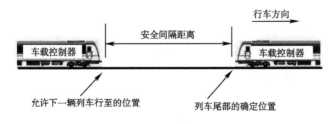

图 4-4　移动闭塞式 ATC

4.1.2 按通信方式分

1）基于轨道电路的列车控制

基于轨道电路的列车控制,是目前世界上使用最多ATC系统,这种制式已非常成熟,具有较高的可靠性和性价比,可以满足绝大多数城市轨道交通的运营需要。这种列车控制又可依据其结构不同分为点式ATC和连续式ATC。

（1）点式ATC系统,在地面设置应答器（图4-5）,当列车驶过地面应答器,车载应答器与地面应答器对准时,车载应答器通过电磁感应的方式将能量传递给地面应答器,地面应答器的内部电路开始工作,将所存数据仍通过电磁感应传送到车上。列车计算机系统根据所得到的数据计算制动曲线。点式ATC具有地面应答器无源、信息容量高、结构简单等特点,但是难以胜任列车通行高密度的情况。后续列车通过地面应答器测出前方有车,计算出一条制动曲线。前车驶离,后续列车驶过,后续列车已经通过地面应答器,后车不能得到新的信息,只能减速到下一个地面应答器。

图4-5 地面应答器

但是,点式ATC对于列车的速度控制是台阶式的（图4-6）,不利于列车的平稳驾驶。

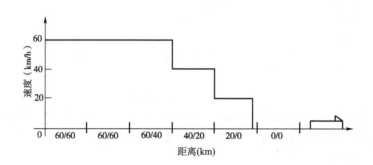

图4-6 台阶式速度控制

（2）连续式ATC系统,使用数字音频轨道电路从地面传至车上前方目标距离的一系列数据和车载设备计算传来的信息,实时计算允许速度曲线,并按此曲线控制。此系统速度监控实时、无级,可实现平稳驾驶,如图4-7所示。

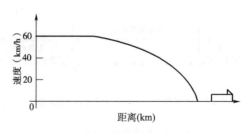

图4-7 连续ATC速度控制

随着城市轨道交通的发展,基于轨道电路的列车控制方式的各种弊端也逐渐显现出来。这种列车控制方式,以钢轨作为信息传输的通道,传输频率受到很大限制,导致车—地的通信容量很低,同时信息的传输受到牵引回流和迷流网的影响,传输性能不够稳定;又因为这种制式所实现的主要是准移动闭塞,距离移动闭塞还有一定的差距,列车间隔的进一步缩短和列车速度的提高受到很大限制。

2)基于通信的列车控制(CBTC)

随着计算机(computer)、通信(communication)和控制(control)技术的发展,以 3C 技术代替轨道电路实现列车的控制成为最好的发展方向,出现了基于通信的列车控制(CBTC)。CBTC 有两种制式:采用轨间电缆的列车控制和采用无线通信的列车控制。

(1)采用轨间电缆的列车控制,它利用轨间铺设的电缆传输信息。轨间电缆是车—地通信的唯一通道,为了抗牵引电流的干扰以及列车的定位,轨间电缆每隔一段距离(如 25m)做一次交叉,如图 4-8 所示。

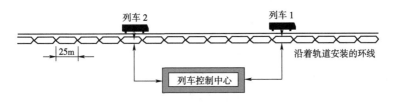

图 4-8 交叉环线

利用轨间电缆的交叉配置可以实现列车的定位。每当列车驶过电缆的交叉点,便可通过检测信号极性的变化以及次数来确定列车的实际位置。

采用轨间电缆的列车控制主要设备有控制中心设备、轨间传输电缆和车载设备。

控制中心储存有线路的固定数据。联锁系统将线路的信号显示、道岔等信息传递给控制中心,列车也将其列车速度、列车长度、载质量等通过电缆传给控制中心。控制中心计算机根据这些数据计算出列车此时的允许速度,再经电缆传给线路上行驶的相应列车,对列车实现控制。这种方法可以由控制中心统一指挥所有运行列车,但是若控制中心故障将导致全线瘫痪。另一种方法是控制中心和联锁系统将线路、目标速度等信息通过电缆传输给列车,由车载计算机计算其允许速度对列车实现控制。

假设某时刻列车 B 所得到的最大允许速度为 v_m,但随着列车 A 和 B 的运行,A 和 B 之间的距离一直在发生变化,列车的最大允许速度也随之变化。同时,列车对实际车速进行监控,当列车实际速度大于最大允许速度,则报警或制动。

采用轨间电缆的列车控制,其信息传输使用的是价格昂贵的金属电缆线,且电缆易出现故障,不利于线路养护,维修费用也很高,目前大多 ATC 公司发展采用无线通信的列车控制。

(2)采用无线通信的列车控制利用无线通信传输列车信息,地面信息接入点将列车限制速度、坡度、距离等有关数据通过天线发送到列车上,由车载控制器对信息进行处理,计算出列车目标速度,对列车进行控制。典型的采用无线通信的列车控制系统结构如图 4-9 所示。

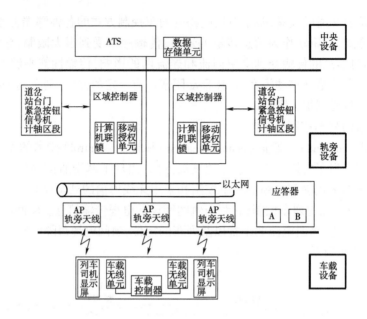

图 4-9　采用无线通信的列车控制系统结构

区域控制器(ZC),与联锁区对应,通过数据通信系统保持与控制区域内列车的信息通信。它根据列车位置报告跟踪列车并对区域内列车发布移动授权,进而实现联锁,如图 4-10 所示。

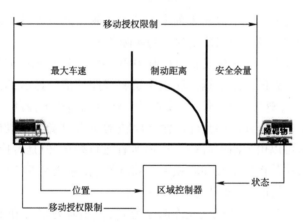

图 4-10　移动授权

车载控制器(VOBC),与列车对应,对行车信息进行处理,实现列车的自动防护和列车驾驶。

地面应答器与车载应答查询器与天线实现列车的定位。

数据通信采用国际标准的以太网,实现所有区域和列车的信息通信。

4.2　列车驾驶模式

列车的驾驶模式分为在正线的列车自动驾驶(ATO)模式、ATP 监督下的人工驾驶

（ATPM）模式、限制式人工驾驶（RM）模式、非限制式人工驾驶（NRM）模式和列车自动折返（STBY）模式，如图4-11所示。

图4-11 列车驾驶模式选择开关

4.2.1 列车自动驾驶（ATO）模式

此模式下，列车能够正常接收ATP/ATO信息，自动控制列车起动、加速、制动、定位停车和车门、屏蔽门的开启。此时列车司机只需要观察线路情况，观察列车HMI（人机交互）、TOD（列车显示屏）、门全关闭指示灯显示，如发现异常及时处理。观察监视器显示确认无人上下车后，使用站台侧关门按钮关闭客室车门。列车司机将模式开关选择至ATO位，司控器置于"0"位，按压ATO启动按钮大于2s，可启动该模式。

4.2.2 ATP监督下的人工驾驶（ATPM）模式

此模式下，列车司机在ATP的监督下使用司机控制器平稳操纵列车运行。列车起动、加速、常用制动、开门等都由司机操作。ATP设备实时监督列车速度，当列车接近ATP限制速度时给出警告，提醒司机减速行驶；当列车速度超过ATP限制速度，列车给出警告；如果司机不能及时减速到限制速度以下，ATP自动启动紧急制动，直到停车。此模式在司机模式开关选择置"ATPM"位，司控器置于非"0"位时启动。

4.2.3 限制人工驾驶（RM）模式

此模式下，列车在不高于25km/h的速度下由司机操作运行。一旦列车速度超过25km/h，ATP便启动紧急制动。此时模式开关选择至"RM"位。

4.2.4 非限制人工驾驶（NRM）模式

当列车信号设备故障时，列车进入该模式，完全由司机控制运行。此时，列车ATP/ATO设备均失去功能，列车限速25km/h。此时模式开关选择至"NRM"位。

4.2.5 列车自动折返（STBY）模式

列车到达折返站时，选用此模式实现列车的自动折返。在规定停站时间结束后，司机选择模式开关到"STBY"位,按压"自动折返"按钮,列车自动进入折返线并停车。折返进路具备后,列车自动进入折返线发车到站台并打开车门和屏蔽门。

 复习思考题

1. 闭塞的概念是什么?
2. 区分三种闭塞方式,填写表4-1。

三种闭塞方式的区别　　　　　　　　　　表4-1

闭塞方式	前车定位	后车定位	对后车的控制
固定闭塞			
准移动闭塞			
移动闭塞			

3. 列车的驾驶模式有哪几种?
4. ATPM模式和NRM模式最大的区别是什么?需要注意什么?

单元 5 列车自动防护（ATP）

知识点
1. ATP 系统的结构；
2. ATP 的监督功能；
3. 紧急制动的特点；
4. DMI 显示的意义。

技能目标
1. 掌握 ATP 超速防护的处理；
2. 掌握列车驾驶中 ATP 对列车监督的实现；
3. 掌握 DMI 在列车驾驶中的作用。

5.1 ATP 系统的基本概念

ATP 系统是保证行车安全、防止列车进入前方列车占用区段和防止超速运行的设备。ATP 负责列车运行的保护，是列车安全运行的保障。ATP 系统的主要功能包括速度监督和超速防护、安全性停车点防护、紧急制动、测速测距、车门控制等。

ATP 系统把来自联锁系统和操作层的信息、线路信息、前方目标点距离和允许速度信息通过轨道电路传至车上，车载设备根据 ATP 所传输的信息计算出当前所允许的速度，测速器测得列车实际的运行速度，然后对这两个速度进行比较，如果列车实际速度大于 ATP 装置指示速度，ATP 车上设备发出制动指令，列车自动制动，待列车速度降至 ATP 指示速度以下，制动自动缓解。

5.2 ATP 系统设备

ATP 系统的设备主要包括轨旁设备和车载设备两部分。

ATP 轨旁设备主要由轨旁单元和发送/接收器组成。ATP 轨旁单元主要是计算机，负责对所获得信息的处理、发送和接收。因为 ATP 系统是安全系统，轨旁单元至少有结构相同、程序相同且独立的两台计算机。数据同时进行处理和比对，采用 2 取 2 的结构，或者采用可靠性更高的 3 取 2 系统。发送和接收器主要是轨道电路，利用轨道电路将信息从地面发送到车辆。ATP 系统轨道电路反映轨道的状态、传输列车的行车信息。

ATP 车载设备主要是对所接受信息的处理，其包括接收装置（天线）、信息处理器和测速单元。ATP 车载设备（图 5-1）将地面传来的数据通过 ATP 接收装置接收，然后与预先储存的列车数据一起进行计算，得出列车的允许最大速度，将此速度和来自测速单元（速度传感器）的实时速度进行比较，超过速度时，启动报警和制动。同时，ATP 车载设备还通过与列车接口，将所得的速度信息传给 DMI（司机人机接口）显示，借助 DMI，司机能按照 ATP 系统的指示运行，以保证安全。ATP 车载设备也采用 2 取 2 或者 3 取 2 的系统结构，以保证系统最大限度的可用性。

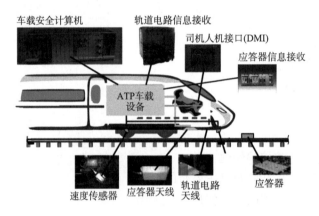

图 5-1　ATP 车载设备

5.3　ATP 的功能

5.3.1　ATP 监督功能

ATP 监督负责保证列车运行的安全。各监督功能管理列车安全的一个方面，并在它自己的权限内产生紧急制动；所有的监督功能，在信号系统范围内提供了最大可能的列车防护。各种监督功能之间的操作是独立的，且同时进行。

1）速度监督功能

速度监督功能是超速防护的基础，是最重要的功能。它由几个速度监督子功能组成，每个子功能选定一个专用的以速度为基准的安全标准。各标准即为一个速度限制，这个限制速度可以是固定的，也可以根据列车的位置连续改变或阶梯式改变。当实际列车速度超过允许速度加上一个速度偏差值时，列车实施紧急制动。

2）方向监督功能

方向监督功能的作用是监督列车在"反方向"运行中的任何移动，如果此方向的移动距离超过规定值，那么就会实施紧急制动。"反方向"运行移动距离的监督是累计完成的，以便无论是单一的移动或是在几个短距离移动中交替被"前行"的短距离移动中断。

在 ATO(列车自动驾驶)、CM(编码模式)和 AR(自动折返模式)模式中,必须连续具备方向监督功能。如果列车正在运行,那么在 RM 模式中也可以使用方向监督功能。

3)后退监督

后退监督功能用来防止列车后退时超过某特定的距离。列车后退距离的累加减去几次短暂前行的距离不能超过规定的距离(3m)。假如超过此距离,列车将通过 ATP 实施紧急制动,确保列车不后退。

4)报文监督功能

报文监督功能用来监测从 ATP 传输功能接收到的报文。如果检测出传输报文中断持续超过规定时间(如 3s),或在此期间列车运行超过规定距离(一般为 10m),报文监督功能会触发一次紧急制动。此功能在 ATO、CM 和 AR 模式中有效,但在 RM 模式中不起作用。

5.3.2 安全性停车点防护

安全性停车点防护以保证列车停在停车点为目的,当前方列车占用轨道电路区段内有安全或危险停车点时有效。按照列车到停车点的距离,ATP 车载设备根据列车制动性能以及接收到的前方线路的信息等,计算出一条制动曲线,当然,列车的速度限制是随着列车的行进连续变化。安全停车点是在危险点的基础上定义的。运营停车点是为列车应停车的车站设置的,运营停车点无安全含义。

5.3.3 紧急制动

紧急制动是接收紧急制动信息并保证列车在最短的时间内停车的系统。紧急制动在按下列车紧急制动按钮、车站紧急制动按钮或者列车超过最大允许速度时启动。紧急制动是以故障-安全的方式运行的。列车停车后,可以通知司机,取消紧急制动,使列车继续行驶。但是因为紧急制动可能引起距离误差,所以正常运行初期受到 RM 的限制,当距离同步再次满足时,可正常使用自动模式运行。

紧急制动将压缩空气全部排入大气,使副汽缸内压缩空气很快推动活塞进行制动,从而使列车很快停下来。紧急制动时,列车受冲击大,且不能缓冲。

5.3.4 测速测距

测速测距是基于测速单元的输入,负责列车运行速度、运行距离、运行方向和位置的测定,是车载设备的关键部分。

测速是通过路程脉冲发生器、光电式传感器等完成的。路程脉冲传感器核心部分有一个 16 极凸轮,随着车轮的转动,发出一系列脉冲,车速越快脉冲越多,只要记录下一定时间内脉冲的数量就能换算成速度。光电式传感器是应用光电技术,其有一些光圆盘,随着车轮的转动,光线不断被遮挡和通过,使光电传感器产生电脉冲,记录脉冲数量以测量车速。

测距是通过测速和轮径完成的,通过测速设备获得车轮旋转的次数,考虑运行方向和车轮直径来计算走行距离。测距系统使用两个传感器测量数据,为了保证安全,当两个数据不一致时,取其中的最大值。列车定位也是通过测距完成的,在有轨道电路的线路上,将轨道电路的分割点作为列车绝对位置,列车的实际位置可以通过绝对位置加测距距离得出,同时考虑列车空转/打滑的情况,轨道电路的分割点又作为校核点,每隔一段距离应对列车实际位置进行校核。

5.3.5 车门控制

ATP 对车门控制主要是对车门状态的监督。当列车没有在站台停稳时,ATP 不允许打开车门;当 ATP 检测到列车在移动,而车门没有锁在关闭状态时,ATP 实施紧急制动。列车在车站预定停车区域内停稳且停车点的误差在允许范围内时,ATP 才允许车门开关操作;列车停靠站台的精度已偏离 0.5m 或 1m 时,允许列车以 5km/h 的速度移动,以精确停车。ATP 会不断监视安全门,确保车门无异常打开情况。

5.3.6 制动模式

列车的制动模式分为分级制动和一级制动。

分级制动以闭塞分区为单元,根据与前行列车的运行距离来调整列车速度,各闭塞分区以不同速度信号指示不同的速度等级。

分级制动主要是阶梯式分级制动,列车前方的每个闭塞分区根据与前行列车的距离来限速,当列车速度高于限定值则启动制动。这种制动方式对车的控制是滞后的,如图 5-2 所示。

一级制动是按目标距离制动的,根据前行列车的距离、目标距离、列车参数和线路参数等,由计算机计算出列车的制动曲线。由于信息的传输是实时的,对列车的控制没有滞后性,因而可以合理地控制列车速度,使列车的运行更加平稳,如图 5-3 所示。

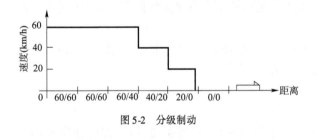

图 5-2 分级制动

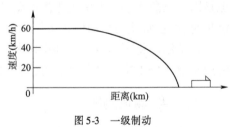

图 5-3 一级制动

5.3.7 司机人机接口(DMI)功能

DMI 提供信号系统与司机的接口。借助 DMI,司机可以按照 ATP 系统的指示运行。DMI 可向司机显示实际速度、最大允许速度,以及 ATP 设备的运行状态(图 5-4)。另外,DMI 还可显示列车运行时产生的重要故障信息,在某些情况下还伴有音响警报(例如超过了最大允许速度)。显示信息的类型和范围取决于设备的操作规程和 ATP 设备的配置。

单元5 列车自动防护（ATP）

图 5-4 DMI 显示界面

列车驾驶中 ATP 的作用

1. 实训目的

熟悉在列车驾驶中 ATP 如何实现对列车的安全防护。

2. 实训设备

模拟驾驶器。

3. 实训步骤

(1) 初步感受模拟驾驶器的操作和熟悉 DMI；

(2) 进行模拟驾驶；

(3) 感受在超过目标速度、超过最高限速、运行中改变驾驶模式、运行中松开司机控制器、CM 模式下尝试退行、长距离退行等情况下，列车驾驶状态的改变。

 复习思考题

1. 简述 ATP 监督功能及其意义。
2. 简述紧急制动的使用情况和特点。
3. 简述 ATP 对车门控制的过程。
4. 简述 DMI 显示界面各图标的意义。

单元 6　列车自动驾驶（ATO）

> 知识点
> 1. ATO 系统的作用；
> 2. ATO 系统的组成；
> 3. ATO 和 ATP 的比较。
>
> 技能目标
> 1. 掌握 ATO 对列车的控制过程；
> 2. 掌握 ATO 和 ATP 对车门控制的区别；
> 3. 掌握 ATO 和 ATP 的区别。

6.1　ATO 系统的基本概念

ATO 系统主要用实现"地对车控制"，即用地面信息实现对列车驱动、制动的控制,包括列车自动折返,根据控制中心指令自动完成对列车的起动、牵引、惰行和制动,送出车门和屏蔽门同步开关信号,使列车按最佳工况正点、安全、平稳地运行。

ATO 系统为非故障-安全系统,其控制列车自动运行,主要目的是模拟最佳的司机驾驶,实现正常情况下高质量的自动驾驶,提高列车运行效率及舒适度,节省能源。ATP 系统是城市轨道交通列车运行时必不可少的安全保障,ATO 系统则是提高城市轨道交通列车运行水平(准点、平稳、节能)的技术措施。

ATO 系统采用的基本功能模块与 ATP 系统相同。和 ATP 系统一样,ATO 系统也载有有关轨道布置和坡度的所有资料,以便能优化列车控制指令。ATO 系统还装有一个双向的通信系统,使列车能够直接与车站内的 ATS 系统接口,保证实现最佳的运行图控制。

6.2　ATO 系统的组成

ATO 系统主要由轨旁设备和车载设备两部分组成。

（1）ATO 轨旁设备，兼用 ATP 轨旁设备，接收与列车自动运行有关的信息。

（2）ATO 车载设备，每个司机室配置一个，安装在机柜里。一列车共配置两个。ATO 车载设备主要由 ATO 控制器和天线组成，还包括一些其他如用于测速、定位的附件。

ATO 系统通过系统中的车-地双向通信系统（图 6-1）接受控制中心通过车站 ATS 系统发给列车的控制命令，实现列车的最佳运营控制，如列车的运行调整、目的地的变更等。ATO 系统具有精确定位停车系统，该系统为列车提供精确的位置信息，使列车实现精确停车。精确定位停车系统包括天线和接近盘（图 6-2）。

图 6-1　车-地双向通信系统

图 6-2　接近盘

ATO 需要自动向列车内作目的地及其线路信息广播，向车内显示屏提供车站信息。

6.3　ATO 系统的功能

6.3.1　自动驾驶

自动驾驶列车在区间运行时，以 ATP 系统所给出的最大允许速度为目标，根据列车运行线路情况，自动控制列车的运行，使列车在区间的每个区段都平稳控制列车运行，最大限度地减少列车牵引和制动的转换，如图 6-3 所示。

车站停车点是目标点，当列车到达车站定位停车时，ATO 系统基于列车速度和距离停车点的距离计算制动曲线，采用合适的制动使列车准确、平稳地停在规定的停车点。列车停车后，ATO 保持制动状态，避免列车运动。ATO 可以与站台屏蔽门（PSD）的控制系统全面接口，保证列车精确可靠到站停车。

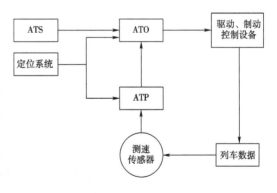

图 6-3　列车自动驾驶原理

从车站自动发车，当发车条件满足时，ATO 系统给出起动提示，司机按下 ATO 启动按钮，ATO 系统自动驾驶列车进入运行状态。发车条件包括：列车模式开关位于 ATO 模式，已过车站停车时间，联锁系统已排列进路，车门关闭，驾驶手柄在零位等。

6.3.2 自动折返

自动折返是一种特殊的驾驶模式,在折返站使用。这种驾驶无须司机控制,且列车控制台被锁闭。列车收到折返许可后,自动进入自动折返模式,折返后回到出发站台,此时,ATC车载设备即退出自动折返模式。

6.3.3 车门控制

ATO 系统是车门控制命令的发出者,ATO 系统只在自动模式下执行车门开启。当列车到达定位停车点,ATO 系统发出停车信号给 ATP 系统,以保证列车制动;ATP 系统检测车速为零,发送列车停站信号给站台定位接收器,此时 ATP 系统发送允许车门打开信号,车辆收到 ATP 系统发送的允许车门打开信息,发送相应的车门打开信号给门控单元,打开规定的车门;同时车辆发送信息给地面,打开相应屏蔽门。

列车停站结束后,司机按下关门按钮,发出关门信号,同时发送信号给站台关闭屏蔽门,车站检查屏蔽门关闭锁好,允许 ATP 系统发送运行速度命令信息,车辆检查车门关闭锁好,列车起动。

6.4 ATO 和 ATP 对列车控制的区别

ATP 是安全设备,保证列车的安全运行;ATO 能够最大限度地提高行车效率,增加车辆运行的舒适性。

由图 6-4 可以看出,ATP 主要是启动常用制动和紧急制动的手段,当列车超过其允许的最大速度时降低列车速度,以保证列车的安全行驶。ATO 主要是合理运用牵引和制动,保持列车运行准确、高效、平稳。

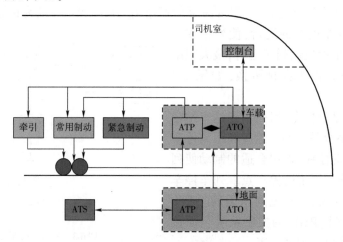

图 6-4 ATO 和 ATP

ATP 是 ATO 的基础,ATO 不能脱离 ATP,ATO 必须从 ATP 系统获得基础信息,只有在 ATP 的基础上才能实现 ATO,列车安全才有保障。

$$手动驾驶 = 司机人工驾驶 + ATP 系统$$

单元6 列车自动驾驶（ATO）

自动驾驶 = ATO 系统自动驾驶 + ATP 系统

如图 6-5 所示，曲线①是由 ATP 系统计算出的列车紧急制动曲线，列车速度一旦触及该制动曲线，立即启动紧急制动，直到停车；曲线②是 ATP 系统计算的正常制动曲线，当列车速度达到此曲线，给出警告，不启动紧急制动；曲线③是 ATO 正常的制动曲线，此曲线的减速度可保证列车可平稳减速。通过图 6-5 可以明显地看出 ATP 的主要作用是限制列车超速，保证列车的运行安全；而 ATO 是为了让列车运行更加平稳；ATO 是 ATP 的发展和延伸。

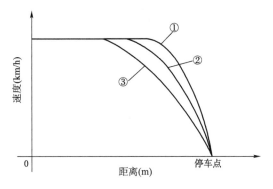

图 6-5 ATP 和 ATO 制动

 复习思考题

1. ATO 系统是用_____实现对列车的控制。
2. 打开车门和屏蔽门的先后顺序是先_____后_____。
3. 简述 ATO 系统控制列车自动驾驶的控制过程。
4. 简述 ATO 系统控制开门的基本过程。
5. 试利用图示说明 ATO 和 ATP 在制动方面的区别。

单元 7　列车自动监控（ATS）

知识点
1. ATS 系统的功能；
2. ATS 系统的组成；
3. ATS 系统的控制。

技能目标
1. 掌握 ATS 系统对列车监控的实现；
2. 掌握 ATS 系统对列车的控制；
3. 掌握 ATS 系统的控制级别。

 7.1　ATS 系统的基本概念

ATS 系统是对列车运行的监督和控制系统，包括对列车、道岔、信号的监督控制，为行车调度人员显示全线列车运行状态，监督和记录运行图的执行情况，进行列车偏离运行图时的及时调整等。

ATS 系统是整个城市轨道交通运营的核心，它需要 ATP 系统和 ATO 系统的支持，根据时刻表对全线列车的监控，实现进路控制、运行图管理、列车移动监督、运行调整和仿真与培训等功能。

 7.2　ATS 系统的组成

ATS 系统主要由控制中心设备、车站设备和车辆段设备组成，如图 7-1 所示。

7.2.1　ATS 控制中心设备

ATS 控制中心设备属于 ATS 系统，是 ATC 系统的核心。它由中央设备室、行车指挥室、计划运行图室和培训室组成。

（1）中央设备室设备，主要包括应用服务器、数据库服务器和通信前置机等。

单元7 列车自动监控（ATS）

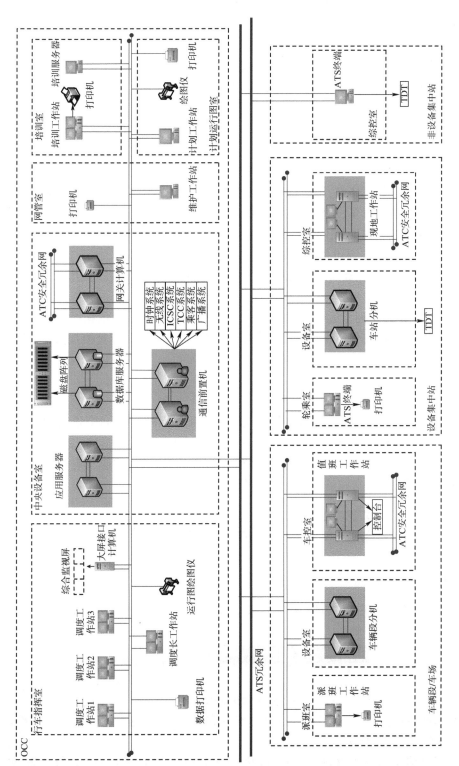

图7-1 ATS系统的组成

应用服务器主要进行 ATS 数据的处理，负责整个系统列车追踪、设备操作、故障报警、列车调整和控制权切换等功能实现。

设置数据库服务器是由于 ATS 子系统运行时需要数据库服务器提供相应的底层数据库，或者存储相应的信号设备状态信息和列车位置信息及联机设备的状态信息。

通信前置机，与地铁时钟系统、无线系统、TCC（Traffic Control Center，轨道交通控制中心）系统、ISCS（综合监控系统）、乘客信息系统和广播系统等进行通信，提供相应的数据信息。

（2）行车指挥室。

①综合显示屏，用来监视正线列车运行情况和监视系统设备状态。

②调度员及调度长工作站，用于行车调度指挥，是实际操作的平台。调度员在控制中心监视和控制联锁设备和行车，工作站显示计划运行图和实际运行图。设置两个调度员工作站是正线运转的要求。调度长工作站备用，替代和扩大两个工作站中的一个工作。

（3）计划运行图室，主要设备为计划工作站。

计划工作站，用来建立离线时刻表的操作平台，主要是进行时刻表的编译。

（4）培训室。

培训/模拟工作站是列车运行的仿真软件，它与调度员工作站显示相同，有相同控制功能，仿真列车运行和异常，但不参与实际列车控制，用来进行实习调度员模拟操作，培养其系统控制能力。

7.2.2 车站设备

车站分为集中联锁站和非集中联锁站。集中联锁站设有一台 ATS 分机，连接 ATS 与 ATP 地面设备和 ATO 地面设备，采集车站设备信息、传送控制命令，与 ATS 系统联系。非集中联锁站不设 ATS 分机，PTI（列车自动识别）和 DTI（发车计时器）均通过集中联锁站的 ATS 分机和 ATS 系统联系，道岔和信号机由集中联锁站计算机控制。

7.3 ATS 系统的功能

7.3.1 列车移动监督

列车移动监督包括列车初始化、列车号移动、正确列车识别，如图 7-2 所示。

图 7-2　列车移动监督

（1）列车初始化：运营前对车辆进行身份确认和登记，将数据发往 OCC，OCC 将运行时刻表中下一列车次号赋予该车。

（2）列车号移动：ATS 采集轨道显示、道岔、列车运行等数据，推算列车运行状态，列车识别号跟随列车移动而移动。

（3）正确列车识别：列车停靠，车载信息发往 OCC，ATS 确认接收数据与跟踪列车号数据一致。

控制中心大屏表示盘的站场分布图集中显示正线全线列车运行的位置、信号显示、道岔状态和进路状态等信息，如图 7-3 所示。

图 7-3 控制中心大屏

7.3.2 时刻表处理

时刻表系统向 ATS 功能提供时刻表数据，向外部系统提供时刻表数据，为停站时间表正线装载设置界面，为时刻表的离线修改设置界面，为使用中的时刻表增加和删除列车行程设置界面，按自动列车跟踪请求安排列车识别号。

系统提供时刻表编制数据库，调度员人工设置数据产生计划时刻表，计划时刻表从控制中心传到 ATS 分机，控制中心 ATS 根据列车的实际情况绘制列车运行实际运行图。系统随时对时刻表的状态进行比较，在发生偏离的时候通过适当的显示通知调度员。

7.3.3 自动排列进路

控制中心对进路、信号机和道岔实现集中控制，形成控制道岔位置的命令，在适当时间向信号系统发送命令。只有正常方向才考虑自动选路，反方向要受到 OCC MMI（人机交互）干预。对于列车进路系统启动的特定地点、触发点的选择，应使列车以最高线路允许速度运行，驶近列车进路终端，确定多个触发点，保证列车进路系统可靠工作。

每条进路可配置替代进路，进路由时刻表确定，从地点相关的控制数据中确定。

为了防止不能执行的命令被发送到联锁设备，要进行进路的可行性检查，包括检查是否自始端开始的进路已排好、检查进路的自动办理是否可能、检查是否有短期障碍（如轨道占用），当所有检查都通过后，可以向联锁系统发出进路命令。

7.3.4 列车自动调整

由于许多随机因素的干扰，列车运行难免偏离基本运行图，尤其是在列车运行密度高的城市，这种现象更为普遍。一辆列车晚点往往会波及许多其他列车。当出现车辆故障或其他情况时，列车运行紊乱程度将更加严重，就需要从整体上大范围地调整已紊乱的运行秩序,尽快恢复列车运行。

自动调整方法可以充分发挥计算机的优势,能比较及时并全面地选出优化的调整方案,使列车运行调整措施更智能化,避免人工调整的随意性。同时,调度员也可以积极发挥主观能动性,尽一切可能主动干预列车运行调整。

调整列车运行,首先必须实现对列车运行情况以及轨道、道岔、信号等设备状况的集中监督。列车运行调整的目标是减少列车实际运行图与计划运行图的偏差;所有列车的总延迟最短;减少乘客平均等待时间;列车运行调整的时间尽量短;实施运行调整的范围尽量小;使整个系统尽快恢复正常运行。

对列车运行进行调整,实质上是对列车运行图进行重新规划,它是在 ATS 对列车运行和道岔、信号设备能实时控制的基础上实现的。当列车偏离计划运行图的程度不大时,可以利用运行图自身的冗余时间,对个别列车进行调整即可恢复按图运行;当列车运行紊乱程度较严重时,则需要大幅度调整列车运行。

7.3.5 培训模拟

培训模拟系统能完整测试 ATC 系统全线列车运行调整和列车跟踪功能的有效性。培训模拟是交互的,允许实习调度员输入,可以让学员通过选择某区域,由显示器观察该区的工作状态;也可让学员进行各种命令的输入,并通过显示器给出响应,如果命令错误会触发报警。

7.4 ATS 系统的控制

ATS 系统的控制分为中央级控制和车站级控制。

7.4.1 中央级控制

正常情况下的控制方式,是根据联锁表、计划运行图自动设置列车进路,以及根据计划运行图自动控制列车运行时分和停站时分。

控制中心 ATS 人工控制包括以下情况:信号机人工控制状态,非自动调整列车,调度工作站给联锁设备进路控制命令,列车实际运行和计划运行图严重偏差,"跳停""扣车",人工设定列车识别号等。

7.4.2 车站级控制

ATS 系统正常情况的车站级控制包括以下情况:车站值班员未修改,所有原自动控制仍由中央 ATS 自动控制,原人工控制由车站值班员人工控制,原自动调整和非自动调整列车维持原方式。ATS 故障下的车站级控制包括以下情况:车站值班员未修改,原进路和信号机控制模式不变;运行图下载到车站 ATS 分机控制,不能自动调整;据时分缺省值控制行车,ATS 分机故障的车站联锁设备控制,现地工作站人工排列进路;在联锁设备人工控制下,信号机设为联锁自动进路,列车不能实现自动调整。

单元7 列车自动监控（ATS）

认识 ATS 人机交互界面元素

1. 实训目的

认识和熟悉 ATS 人机交互界面元素的显示意义。

2. 实训设备

装有 ATS 控制软件的计算机。

3. 实训步骤

(1) 认识工作站的显示；

(2) 认识工作站的布局(图 7-4)；

图 7-4　工作站布局

(3) 认识站场布置图(图 7-5)；

图 7-5　站场布置图

(4) 熟悉"跳停""扣车"的控制(图 7-6)；

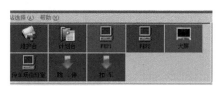

图 7-6　"跳停""扣车"控制界面

59

(5)熟悉对信号机及轨道的控制(图7-7)。

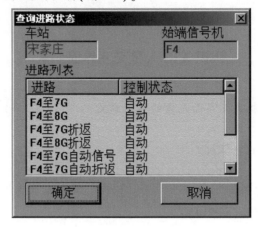

图7-7 信号机及轨道控制界面

以上只是其中很小的一部分,请在实训过程中认识并通过操作等牢记各个元素及其功能。

 复习思考题

1. ATS集中联锁站和非集中联锁站设备以及功能的区别是什么?
2. 进行进路可行性检查的原因是什么?
3. 列车调整的目的和目标是什么?
4. 简述ATS系统中央级控制和车站级控制。

单元 8　通信传输系统

知识点
1. 传输系统的结构；
2. 传输系统的网络拓扑结构；
3. 传输系统与其他系统的接口；
4. 传输系统的传输介质；
5. 传输技术。

技能目标
1. 熟悉传输系统的运行方式和故障恢复；
2. 掌握各种传输介质传输的特点；
3. 了解传输技术并说明各自的优缺点。

8.1　通信传输系统的结构

通信传输系统是系统各站点与中心及站与站之间的信息传输、不同线路的信息交换的通道。因为担负着城市轨道交通几乎所有通信系统信息传输的重任，所以通信系统在城市轨道交通中的地位非常重要。

8.1.1　通信传输系统结构

通信传输系统由光纤骨干网络、网络节点、用户接口卡、网络管理系统组成，如图 8-1 所示。

光纤骨干网络，贯穿整个传输介质，它有光纤、电缆两种传输介质。短距离连接使用电缆或多模光纤和 LED 光源；长距离只能使用单模光纤，保障可靠性。

网络节点是用户访问网络、使用网络的

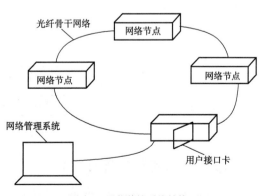

图 8-1　通信传输系统结构

途径,为用户接口卡提供电源,接收用户接口卡信息并发送到光纤网络,以及接收光纤网络信息并传送到用户接口卡。

用户接口卡,是用户接入系统的硬件工具,使自身系统无限向外延伸。它有硬件和软件两种形式:硬件,即板卡自身跳线和微动开关实现;软件,即通过网络中心实现。

网络管理系统,基于主流、成熟的操作系统和友好的操作界面,对传输网络进行配置、扩展、管理和维护。

8.1.2 网络结构

通信传输系统为其他系统提供可靠灵活的传输通道。城市轨道交通的网络一般采用环形网络结构,如图 8-2 所示。这种结构由两个环路连接:一个环路运行,负责传送信息;另一个环路备用。两个环路功能一致,系统运行时不断监测备用环路,确保备用环路能随时启动。如果主环路出现故障,备用环路就可立即启动。这种结构需要电缆少,当主环路发生故障时,自动切换到另一个环路仍能保持正常的通信。

根据业务的不同,控制中心和车站业务点的连接还可能有总线型和星形的网络结构。星形网络结构是以中心节点为中心,很形象,这种结构需要更多的设备、电缆,并且受地理环境影响大,如图 8-3 所示。

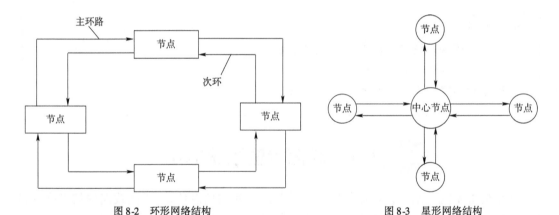

图 8-2　环形网络结构　　　　　　图 8-3　星形网络结构

在总线型拓扑结构中,当发生故障时,故障节点即从网络中去除,但其受地理条件限制且成本高,如图 8-4 所示。

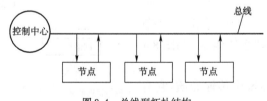

图 8-4　总线型拓扑结构

8.1.3 节点间的连接方式

环路连接方式:每个光/电收发器模块分别和前一节点和后一节点通信,如图 8-5 所示。

链路连接方式:一个光/电收发器负责与前一节的通信,而另一个光/电收发器负责和后一节点通信,如图 8-6 所示。

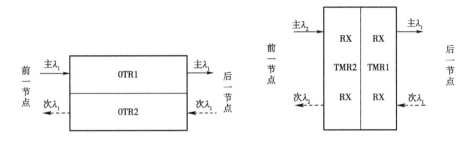

图 8-5 环路连接方式　　　　　　　图 8-6 链路连接方式

与环路连接方式相比,链路连接方式可以在同一节点针对不同连接距离采用不同的波长或收发器模块(光或电)。例如,短距离传输使用 850nm 的光收发器模块,而长距离传输使用 1300nm 收发器模块;或者在长距离传输使用光收发器模块而在短距离传输使用电收发器模块。

8.1.4　通信传输系统的运行方式和故障恢复

为了保证系统的可靠性,当系统发生故障时,系统自动重新配置线路的传输路径,使系统仍然正常工作。

当主环路故障时,系统自动将信息传输通道切换到备用环路,如图 8-7a)所示。

当次环路故障时,系统不采取网络重组动作,但是会将次环路状况信息报告控制中心,如图 8-7b)所示。

双环路故障(同点)时,采用回环措施,即一节点将输出的主环路信息接入到备用环路,另一节点将备用环路信息接入到主环路,如图 8-7c)所示。

节点故障,也可使用回环措施,如图 8-7d)所示。

多故障同时发生时,自动恢复机制执行,将系统分隔成独立的子系统,各子系统进行正常操作,如图 8-7e)所示。

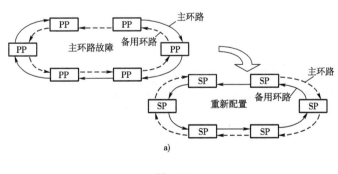

图 8-7

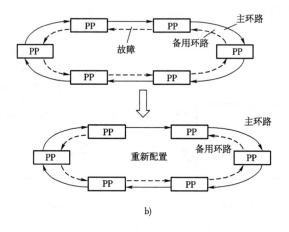

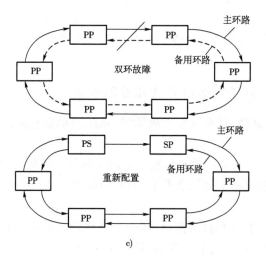

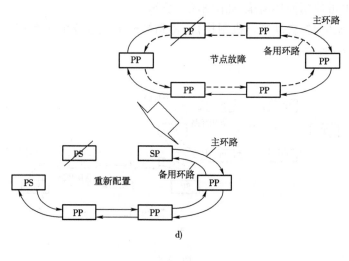

图 8-7

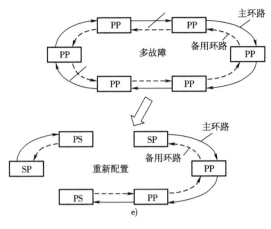

图 8-7 双环路运行方式

8.1.5 传输系统与其他系统的接口

传输系统为通信和信号等系统提供信息传输,因此传输系统必须对各系统带宽和接口进行计算和预留。

一般情况下公务、专用电话数字中继、PABX 局间中继及无线基站链路采用 2M 数字通信接口。专用通信、广播、时钟以及信号系统等采用以太网,且要求各种业务以太网通道要求相互独立。

表 8-1 是某地铁公司传输系统业务通道需求。

传输系统业务通道需求 表 8-1

序号	类别	接口类型	传输速度	信道方式	带宽(M)
1	公务电话	E1	1Mb/s	点对点	4
		10/100BASE-T	2Mb/s	共线以太网	2
2	专用电话	E1	1Mb/s	点对点	4
		10/100BASE-T	2Mb/s	共线以太网	2
3	无线通信系统	E1	1Mb/s	点对点	4
		10/100BASE-T	2Mb/s	共线以太网	2
		10/100BASE-T	2Mb/s	共线以太网	2
4	广播音频	10/100BASE-T	2Mb/s	共线以太网	2
5	时钟信号及网管	10/100BASE-T	1Mb/s	共线以太网	2
6	闭路电视监控系统	10/100BASE-T	1Mb/s	共线以太网	2
		1000BASE-T	100Mb/s	共线以太网	100
		100BASE-T	10Mb/s	共线以太网	10
7	电源网管	100BASE-T	1Mb/s	共线以太网	2
8	信号系统	10/100BASE-T	10Mb/s	共线以太网	10
9	自动售检票系统	10/100BASE-T	2Mb/s	共线以太网	2
10	综合监控系统	1000BASE-T	100Mb/s	共线以太网	100

8.2 传输介质

城市轨道交通通信传输系统的传输介质包括双绞线电缆、同轴电缆和光纤电缆。

8.2.1 双绞线电缆

双绞线电缆是将一对或一对以上的双绞线封装在一个绝缘外套中而形成的一种传输介质,是目前局域网最常用的一种布线材料。为了降低信号的干扰程度,电缆中的每一对双绞线一般是由两根绝缘铜导线相互扭绕而成,双绞线也因此而得名。双绞线电缆如图 8-8 所示。

双绞线分为非屏蔽双绞线(UTP)和屏蔽双绞线(STP)两大类。屏蔽双绞线在双绞线与外层绝缘封套之间有一个金属屏蔽层。屏蔽层可减少辐射,防止信息被窃听,也可阻止外部电磁干扰进入,使屏蔽双绞线比同类的非屏蔽双绞线具有更高的传输速率。

常见的双绞线有三类线、五类线和超五类线,以及最新的六类线。前者线径细而后者线径粗。

(1)一类线:主要用于语音传输(一类标准主要用于20世纪80年代初之前的电话线缆),不用于数据传输。

(2)二类线:传输频率为1MHz,用于语音传输和最高传输速度4Mb/s的数据传输。

图 8-8 双绞线电缆

(3)三类线:电缆的传输频率16MHz,用于语音传输及最高传输速度为10Mb/s的数据传输。

(4)四类线:该类电缆的传输频率为20MHz,用于语音传输和最高传输速度为16Mb/s的数据传输。

(5)五类线:该类电缆增加了绕线密度,外套一种高质量的绝缘材料,传输率为100MHz,用于语音传输和最高传输速率为100Mb/s的数据传输,这是最常用的以太网电缆。

(6)超五类线:此类线衰减小、串扰少,并且具有更高的衰减与串扰的比值和信噪比,更小的延时误差,性能得到很大提升。此类线主要用于千兆位以太网(1000Mb/s)。

(7)六类线:该类电缆的传输频率为1~250MHz。六类布线系统在200MHz时综合衰减串扰比应有较大的余量,它提供2倍于超五类的带宽。六类布线的传输性能远远高于超五类标准,最适用于传输速度高于1Gb/s的应用。

8.2.2 同轴电缆

同轴电缆是由相互绝缘的同轴心导体构成的电缆,内导体为铜线,外导体为铜管或网。电磁场封闭在内外导体之间,故辐射损耗小、受外界干扰影响小。同轴电缆如图8-9所示。

同轴电缆的得名与其结构相关。同轴电缆也是局域网中最常见的传输介质之一。它用来传递信息的一对导体是按照一层圆筒式的外导体套在内导体(一根细芯)外面,两个导体间用绝缘材料互相隔离的结构制造,外层导体和中心轴芯线的圆心在同一个轴心上,所以叫作同轴电缆。同轴电缆之所以设计成这样,是为了防止外部电磁波干扰和异常信号的传递。同轴电缆的构成如图8-10所示。

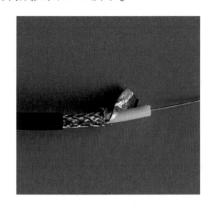
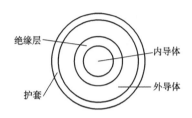

图8-9　同轴电缆　　　　图8-10　同轴电缆的构成

同轴电缆根据其直径大小不同,可以分为粗同轴电缆(简称"粗缆")与细同轴电缆(简称"细缆")。粗缆适用于比较大型的局部网络,它的标准距离长、可靠性高,由于安装时不需要切断电缆,因此可以根据需要灵活调整计算机的入网位置,但粗缆网络必须安装收发器电缆,安装难度大,所以总体造价高。相反,细缆安装则比较简单、造价低,但由于安装过程要切断电缆,两头须装上基本网络连接头,然后接在T形连接器两端,所以当接头多时容易产生不良的隐患,这是目前运行中的以太网所发生的最常见故障之一。

无论是粗缆还是细缆均为总线型拓扑结构,即一根缆上接多部机器,这种拓扑结构适用于机器密集的环境,但是当一触点发生故障时,故障会串联影响到整根缆上的所有机器,故障的诊断和修复都很麻烦,因此,同轴电缆将逐步被非屏蔽双绞线或光纤电缆取代。

同轴电缆的优点是可以在相对长的无中继器的线路上支持高带宽通信,而其缺点也是显而易见的:一是体积大,细缆的直径就有3/8英寸(约合0.95cm),要占用电缆管道的大量空间;二是不能承受缠结、压力和严重的弯曲,这些都会损坏电缆结构,阻止信号的传输;三是成本高。而所有这些缺点正是双绞线能克服的,因此在现在的局域网环境中,同轴电缆基本已被基于双绞线的以太网物理层规范所取代。

8.2.3　光导纤维(光纤)电缆

1) 光导纤维的概念及其优点

光纤是光导纤维的简写,是一种利用光在玻璃或塑料制成的纤维中的全反射原理而达成的光传导工具。微细的光纤封装在塑料护套中,使得它能够弯曲而不至于断裂。通常,光纤一端使用发光二极管或一束激光将光脉冲传送至光纤,光纤的另一端的接收装置使用光敏元件检测脉冲。

在日常生活中,由于光在光纤的传导损耗比电在电线传导中的损耗低得多,故光纤被用作长距离的信息传递。光纤和其他几种介质的比较见表8-2。

光纤和其他几种介质的比较　　　　　　　表 8-2

名　称	带　宽	衰减系数（dB/km）	中继距离（km）	敷设安装	接　续
对称电缆	6MHz	20	1~2	方便	方便
同轴电缆	400MHz	19	1.6	方便	方便
微波传输	40~120MHz	2	10	特殊	传输介质
光纤电缆	>10GHz	0.2	>50	方便	特殊

从表 8-2 中可以看出,光纤具有以下一些优点:

(1)频带宽。频带的宽窄代表传输容量的大小。载波的频率越高,可以传输信号的频带宽度就越大。在 VHF 频段,载波频率为 48.5~300MHz。带宽约 250MHz,只能传输 27 套电视和几十套调频广播。可见光的频率达 100000GHz,比 VHF 频段高出一百多万倍。尽管由于光纤对不同频率的光有不同的损耗,使频带宽度受到影响,但在最低损耗区的频带宽度也可达 30000GHz。目前单个光源的带宽只占了其中很小的一部分(多模光纤的频带约几百兆赫,好的单模光纤可达 10GHz 以上),采用先进的相干光通信可以在 30000GHz 范围内安排 2000 个光载波,进行波分复用,可以容纳上百万个频道。

(2)损耗低。在同轴电缆组成的系统中,最好的电缆在传输 800MHz 信号时,每公里的损耗都在 40dB 以上。相比之下,光导纤维的损耗则要小得多,传输 1.31μm 的光,每公里损耗在 0.35dB 以下;若传输 1.55μm 的光,每公里损耗更小,可达 0.2dB 以下。这就比同轴电缆的功率损耗要小 1 亿倍,使其能传输的距离要远得多。

(3)质量轻。因为光纤非常细,单模光纤芯线直径一般为 4~10μm,外径也只有 125μm,加上防水层、加强筋、护套等,用 4~48 根光纤组成的光缆直径还不到 13mm,比标准同轴电缆的直径 47mm 要小得多;加上光纤是玻璃纤维,密度小,使它具有直径小、质量轻的特点,安装十分方便。

(4)抗干扰能力强。由于光纤的基本成分是石英,只传光,不导电,不受电磁场的作用,在其中传输的光信号不受电磁场的影响,故光纤传输对电磁干扰、工业干扰有很强的抵御能力。

(5)保真度高。光纤传输一般不需要中继放大,不会因为放大引入新的非线性失真。只要激光器的线性好,就可高保真地传输电视信号。

(6)工作性能可靠。我们知道,一个系统的可靠性与组成该系统的设备数量有关。设备越多,发生故障的机会越大。因为光纤系统包含的设备数量少(不像电缆系统那样需要几十个放大器),可靠性自然也就高,加上光纤设备的寿命都很长,无故障工作时间达 50 万~75 万 h,其中寿命最短的是光发射机中的激光器,最低寿命也在 10 万 h 以上。因此,一个设计良好、正确安装调试的光纤系统的工作性能是非常可靠的。

(7)成本不断下降。目前,有人提出了新摩尔定律,也称光学定律。该定律指出,光纤传输信息的带宽,每 6 个月增加 1 倍,而价格降低 100%。光通信技术的发展,为互联网宽带技术的发展奠定了非常好的基础。这就为大型有线电视系统采用光纤传输方式扫清了最后一个障碍。由于制作光纤的材料(石英)来源十分丰富,随着技术的进步,成本还会进一步降低;而电缆所需的铜原料有限,价格会越来越高。显然,今后光纤传输将占绝对优势,成为建立全省以至全国有线电视网的最主要传输手段。

2）光导纤维的组成及均匀光纤导光原理

光纤由两层折射率不同的玻璃组成，如图 8-11 所示。

光纤内层为光内芯，直径在几微米至几十微米，外层的直径 0.1～0.2nm。一般内芯玻璃的折射率比外层玻璃大 1%。根据光的折射和全反射原理，当光线射到内芯和外层界面的角度大于产生全反射的临界角时，光线透不过界面，全部反射。这时光线在界面经过无数次的全反射，以锯齿状路线在内芯向前传播，最后传至纤维的另一端。均匀光纤导光原理如图 8-12 所示。

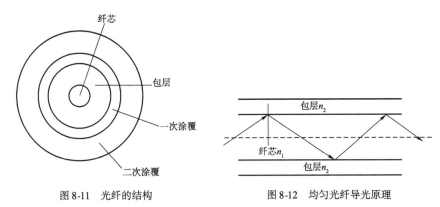

图 8-11　光纤的结构　　　　图 8-12　均匀光纤导光原理

3）光导纤维的种类及其区别

（1）多模光纤：中心玻璃芯较粗（50μm 或 62.5μm），可传导多种模式的光。但其模间色散较大，这就限制了传输数字信号的频率，而且随距离的增加会更加严重。例如：600MB/km 的光纤在 2km 时则只有 300MB 的带宽。因此，多模光纤传输的距离就比较近，一般只有几公里。

（2）单模光纤：中心玻璃芯较细（芯径一般为 9μm 或 10μm），只能传一种模式的光。因此，其模间色散很小，适用于远程通信，但其色度色散起主要作用，故单模光纤对光源的谱宽和稳定性有较高的要求，即谱宽要窄、稳定性要好。

多模光纤一般光纤跳纤用橙色表示，也有的用灰色表示，接头和保护套用米色或者黑色，传输距离较短；单模光纤一般光纤跳纤用黄色表示，接头和保护套为蓝色，传输距离较长。

4）光导纤维传输的过程

光纤传输系统通常是将传输的信息加载到激光上，将激光调制传输到目的地后再解调出来。光端机及时对来自信息源的信号进行处理，发送光端机将光源通过电信号调制成光信号，输入光纤传输到远方；接收端的光端机内有光检测器将来自光纤的光信号还原成电信号，经过放大、整形、再恢复原形，输送到电端机的接收端。对于长距离的传输还需要中继器，将经过长距离光纤衰减和畸变后的微弱光信号放大、整形，再生成一定强度的光信号，继续送向前方以保证良好的通信质量。目前的中继器多采用光-电-光形式，即将接收到的光信号用光电检测器变换为电信号，放大整形再生后再调制光源将电信号转化成光信号重新发出，而不是直接放大光信号。近年，适合做光中继器的光放大器研制成功，这将使得用光纤放大器的全光中继变为现实。

5）使用光导纤维的注意事项

在使用光纤的过程中，需要注意自身的安全，光纤及其接收器中传输的是激光，所以不要试图调整或改变激光设备及其控制电路。不要用眼睛直接去看光纤端口或光纤末端，在准备好连接的电缆前不要去除或插头防护帽，处理使用过的光纤要注意破碎纤维非常尖锐，可能会导致眼睛或皮肤损伤。图8-13为光纤使用的特殊警示标识。

 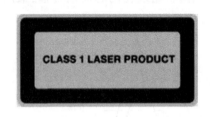

图8-13 光纤使用的特殊警示标识

8.3 传 输 技 术

传输系统是城市轨道交通系统所需的话音、音频、数据和图像等信息的综合业务网络。随着科技的发展，目前主要采取的技术有 SDH、ATM、OTN 和一体化 SDH。

8.3.1 SDH 传输技术

SDH（Synchronous Digital Hierarchy，同步数字体系）是一种将复接、线路传输及交换功能融为一体，并由统一网管系统操作的综合信息传送网络。它不仅适用于光纤，也适用于微波和卫星传输的通用技术体制。它可实现网络有效管理、实时业务监控、动态网络维护、不同厂商设备间的互通等多项功能，能大大提高网络资源利用率、降低管理及维护费用、实现灵活可靠和高效的网络运行与维护。

但传统的 SDH 设备在城市轨道交通的通信传输环境下存在如下一些问题：

（1）接口单一；

（2）传输窄带业务无直接的视频和 LAN 接口，需外部增加视频解码设备和路由器，一般只提供2M 的传输带宽；

（3）对城市轨道交通中的广播音频业务只能提供 3kHz 的传输带宽，难以满足高保真的广播效果；

（4）一般只提供点对点的通信信道，难以普遍满足城市轨道交通环境下的大量共线式通信信道要求。

8.3.2 ATM（异步传输模式）传输技术

ATM 是一项数据传输技术。它适用于局域网和广域网，具有高速数据传输率和支持许多种类型如声音、数据、传真、实时视频、CD 质量音频和图像的通信。

ATM 是在 LAN 或 WAN 上传送声音、视频图像和数据的宽带技术。ATM 真正具有电路交换和分组交换的双重性。

ATM 面向连接,它需要在通信双方向建立连接,通信结束后再由信令拆除连接。但它摒弃了电路交换中采用的同步时分复用,改用异步时分复用;收发双方的时钟可以不同,可以更有效地利用带宽。

ATM 的传送单元是固定长度 53byte 的信元,信头部分包含了选择路由用的 VPI/VCI 信息,因而它具有交换的特点。它是一种高速分组交换,在协议上它将纠错、流控功能转移到智能终端上完成,降低了网络时延,提高了交换速度。

ATM 用作主干网时,能够简化网络的管理,消除了许多由于不同的编址方案和路由选择机制的网络互联所引起的复杂问题。ATM 集线器能够提供集线器上任意两端口的连接,而与所连接的设备类型无关。

通过 ATM 技术可完成企业总部与各办事处及公司分部的局域网互联,从而实现公司内部数据传送、企业邮件服务、话音服务等,并通过上联 INTERNET 实现电子商务等应用。同时由于 ATM 采用统计复用技术,且接入带宽突破原有的 2M,达到 2~155M,因此适合高带宽、低延时或高数据突发等应用。

ATM 在城市轨道交通领域的使用,主要是采用 ATM 网络实现 CCTV(闭路电视)视频的传输和切换。

8.3.3 OTN(开放性传输网络)技术

OTN 是西门子公司开发的面向专网的开放式传输网络。OTN 综合了 SDH 的优点和 DWDM 的带宽可扩展性,它不仅能够进行超大容量的传输,更使光传送网具有极强的可扩充性,这使得光传送网可以不断地根据业务发展情况,进行网络扩容。OTN 具有极强的重新配置及保护、恢复特性。光传送网可以进行波长级、波长组级和光纤级灵活重组,特别是在波长级可以提供端到端的波长业务。OTN 简化了网络层次和结构,大量使用了光无源器件,进而简化了网络管理和规划难度,提高了网络的可靠性,进而大幅度降低了网络建设和运营维护的成本。OTN 支持点对点、点对多点、总线等通信方式,在广州地铁、上海地铁和香港地铁以及世界的其他地铁上大量使用。

8.3.4 一体化 SDH

一体化 SDH 是基于 TDM,吸收了 SDH 标准传输机制和自愈环保护盒 OTN 的丰富通信协议接口类型的优点的通信技术。它克服了传统 SDH 设备在城市轨道交通应用中的不足,在光纤网络上直接传输语音、宽带音频、数据、视频和 LAN(局域网)业务。

实训

网线的制作

1. 实训目的

掌握网线的制作。

2. 实训设备

网线、网线钳、网线测试仪、水晶头。

3. 实训步骤

(1) 剥线：把双绞线的灰色保护层剥掉，可以利用到压线钳的剪线刀口将线头剪齐，再将线头放入剥线专用的刀口，稍微用力握紧压线钳慢慢旋转，让刀口划开双绞线的保护胶皮(图 8-14)。

(2) 排线：需要按接线的规则把几组线缆依次地排列好并理顺(图 8-15)。

图 8-14 剥线操作

图 8-15 排线操作

双绞线的制作方式有两种国际标准，分别为 T568A 和 T568B，可分别制作为直通线缆以及交叉线缆。简单地说，直通线缆就是水晶头两端都同时采用 T568A 标准或者 T568B 的接法，而交叉线缆则是水晶头一端采用 T586A 的标准制作，而另一端则采用 T568B 标准制作。

T568A 标准描述的线序从左到右依次为：绿白——1，绿——2，橙白——3，蓝——4，蓝白——5，橙——6，棕白——7，棕——8；T568B 标准描述的线序从左到右依次为：橙白——1，橙——2，绿白——3，蓝——4，蓝白——5，绿——6，棕白——7，棕——8。

交叉线和直连线使用的原则是同种设备相连用交叉线，不同设备相连用直通线。如 PC 对 PC 就使用交叉线，路由对 PC 就使用直连线。

(3) 剪线：利压线钳的剪线刀口把线缆顶部裁剪整齐(图 8-16)，保留的去掉外层保护层的部分约为 15mm。

(4) 插线：把整理好的线缆插入水晶头内(图 8-17)。

图 8-16 剪线操作

图 8-17 插线操作

(5) 压线：确认无误后把水晶头插入压线钳的 8P 槽内(图 8-18)，用力握紧线钳，受力之后听到轻微的"啪"声即可。

(6) 测试：把在 RJ-45 两端的接口插入测试仪的两个接口之后，打开测试仪可以看到测试仪上的两组指示灯都在闪动(图 8-19)。若测试的线缆为直通线缆，在测试仪上的 8 个指示灯应该依次为绿色闪过，证明网线制作成功，可以顺利地完成数据的发送与接收。若测试的线缆为交叉线缆，其中一侧同样是依次由 1~8 闪动绿灯，而另外一侧则会根据 3、6、1、4、5、2、7、8 这样的顺序闪动绿灯。若出现任何一个灯为红灯或黄灯，都证明存在断路或者接触不良现象,此时最好先对两端水晶头再用网线钳压一次再测。如果故障依旧,再检查一下两端芯线的排列顺序是否一致。如不一致,剪掉一端并重新按另一端芯线排列顺序制作水晶头。

图 8-18　压线操作　　　　　图 8-19　测试操作

 复习思考题

1. 环形传输结构的特点是什么？其可靠性如何保证？
2. 环路连接和链路连接的区别是什么？链路连接的优点是什么？
3. 简述光纤传输的导光原理。
4. 安全使用光纤时需要注意什么？

单元 9　电话系统

知识点

1. 公务电话的组成；
2. 公务电话的功能；
3. 专用电话的构成；
4. 调度电话的功能；
5. 站内电话、站间电话和轨旁电话的作用和构成；
6. 录音系统的组成和功能。

技能目标

1. 掌握公用电话的组网方式；
2. 掌握专用电话的组网方式；
3. 掌握录音系统的功能和特点。

电话系统为城市轨道交通的管理、运营和维修人员提供语音服务。电话系统主要分为公务电话系统和专用电话系统。

公务电话相当于企业的内部电话网，其核心是程控数字交换机，再通过中继线路与城市市话网相连，实现城市轨道交通内部对外通话。程控交换机的分机，分布在城市轨道交通的各办公管理部门、OCC、车站、设备室等需要通话的区域。

专用电话包括调度、站内、站间和轨旁电话。调度电话是为城市轨道交通的调度人员，如行车调度、维修调度、环控调度、电力调度等提供专用的直达通话，具有单呼、组呼、全呼、紧急呼叫等功能，并配备维护终端和数字录音等设备。站内电话主要是满足车站内部的通话需要，提供站内各区域和车站值班员之间的直达通话。站间电话主要是为车站值班员提供与相邻车站、联锁站值班员之间的直达通话。轨旁电话是安装在隧道内，主要满足系统运营和维护及应急需要，为列车司机和维修人员在紧急情况下及时联系车站及相关部门提供通话。

目前部分新建地铁线路，采用公务、专用电话系统合并设计的方案，即公务、专用电话系统软、硬件分别设置，具有功能独立、运营独立、管理维护独立等系统隔离特性。但两系统又处在同一个交换平台上,共享电话交换机公共部件,共享中继链路和网络管理系统。

9.1 公务电话

9.1.1 程控数字交换机

程控数字交换机是公务电话的核心,它实质上是一部由计算机软件控制的数字通信交换机,按用途可分为市话、长话和用户交换机。交换机在硬件上采用全模块化结构,提供高集成度、高可靠性、高功能、低成本的硬件的产品。软件上采用高级语言,具有多种为数据交换和连接而设计的系统软件,功能强大。

1) 程控数字交换机的结构

电话交换机的主要任务,是实现用户间通话的接续。它基本划分为两大部分:话路设备和控制设备。话路设备主要包括各种接口电路(如用户线接口和中继线接口电路等)和交换(或接续)网络;控制设备在纵横制交换机中主要包括标志器与记发器,而在程控交换机中,控制设备则为电子计算机,包括中央处理器(CPU)、存储器和输入/输出设备。程控数字交换机的结构如图9-1所示。

(1) 交换网络。

交换网络的基本功能是根据用户的呼叫要求,通过控制部分的接续命令,建立主叫与被叫用户间的连接通路。目前,主要采用由电子开关阵列构成的空分交换网络和由存储器等电路构成的时分接续网络。

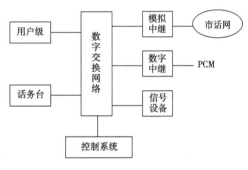

图9-1　程控数字交换机的结构

(2) 用户电路。

用户电路的作用是实现各种用户线与交换之间的连接,通常又称为用户线接口电路。根据交换机制式和应用环境的不同,用户电路也有多种类型,对于程控数字交换机来说,目前主要有与模拟话机连接的模拟用户线电路,及与数字话机、数据终端(或终端适配器)连接的数字用户线电路。

(3) 出入中继器。

出入中继器是中继线与交换网络间的接口电路,用于交换机中继线的连接。它的功能和电路与所用的交换系统的制式及局间中继线信号方式有密切的关系。对模拟中继接口单元,其作用是实现模拟中继线与交换网络的接口,基本功能一般包括发送与接收表示中继线状态(如示闲、占用、应答、释放等)的线路信号,转发与接收代表被叫号码的记发器信号,供给通话电源和信号音,向控制设备提供所接收的线路信号。

数字中继线接口单元是实现数字中继线与数字交换网络之间的接口,它通过PCM(脉冲调制)有关时隙传送中继线信号,完成类似于模拟中继器所应承担的基本功能。但由于数字中继线传送的是PCM群路数字信号,因而它具有数字通信的一些特殊问题,如帧同步、时钟恢复、码型交换、信令插入与提取等,即要解决信号传送、同步与信令配合三方面的连接问题。

(4)控制设备。

控制部分是程控交换机的核心,其主要任务是根据外部用户与内部维护管理的要求,执行存储程序和各种命令,以控制相应硬件实现交换及管理功能。

程控交换机控制设备的主体是微处理器,通常按其配置与控制工作方式的不同,可分为集中控制和分散控制两类。为了更好地适应软硬件模块化的要求,提高处理能力及增强系统的灵活性与可靠性,目前程控交换系统的分散控制程度日趋提高,已广泛采用部分或完全分布式控制方式。

2)程控交换机的优越性

(1)能够提供许多新的用户服务功能,如缩位拨号、来电显示、叫醒及呼叫转移等业务,不再是单一的语音业务。

(2)维护管理方便,可靠性高。程控交换机可以通过故障诊断程序对故障进行检测和定位,以便发生故障时紧急处理迅速及时,因此在维护管理上和可靠性上带来了好处。

(3)灵活性大。为适应交换机外部条件的变化,增加的新业务往往只需要改变软件(程序和数据)就能满足不同外部条件(如市话局、长话局等的不同需求)的需要。

(4)便于利用电子器件的最新成果,使整机技术上的先进性得到发挥。

(5)交换设备方面。体积小,即采用电子器件大大地减小了交换机的体积,这样占用机房的面积小;耗电省,即用电子器件代替机械部件,大大地减少了能量消耗;成本低,即随着集成电路价格的减低,可以大幅度降低交换机成本。

(6)线路设备方面。可以通过采用远端用户模块方式节省用户线,降低线路设备费用。

(7)维护生产方面。由于检测和诊断故障的自动化,减少了维护工作量,节省了维护人员。由于制造工艺简单了,生产效率也随之提高。

9.1.2 公务电话的构成

在城市轨道交通系统中,为满足对内和对外的语音通信的需求,提高城市轨道交通人员的信息沟通、运营管理和维修组织的效率,提供便捷的语音通话,公务电话系统采用专网建设。

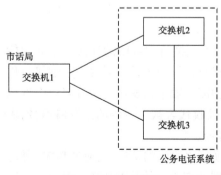

图9-2 环形电话网络

城市轨道交通电话的分布决定了网络结构的特点,考虑程控电话网络的设计需要:用户线路距离短、保证通话质量、用户线路传输衰耗小、可靠性高,程控电话交换网络采用环形网络结构。环形电话网络如图9-2所示。

图9-2中,公务电话由三台用户程控交换机通过传输系统以环形网络构成。其优点是若任意两台交换机间线路中断,可通过迂回传输线保持通话,以保证网络的可靠性,并且采用同一厂家设备组成同类网使终端之间的联结采用相同方式。

各车站通过传输系统节点实现话路集中分配,两台交换机间使用2M数字中继,本网和市话局采用全自动呼出呼入方式,本网出局直接进入电话局程控交换机,入局由电话机程控交换机选组直接接出。

9.1.3 公务电话的功能

(1)电话交换功能:完成城市轨道交通内部用户之间的呼叫的交换。

(2)非话业务功能:非话业务包括电路数据业务、传真业务等。

(3)计费功能:对各种业务进行计费。

(4)程控新业务:为用户提供多种程控新业务服务,如多方会议、三方通话、呼叫转移、忙时等待、缩位拨号、预先录音通话等。

(5)编号:根据用户的需要,可将公务电话内部用户的电话号码进行统一的编排,城市轨道交通前期的编号多为4位,后随着程控网络的不断扩大,4位号码不能满足电话容量的发展,现在程控电话网的编号已经由4位升级到5位,甚至6位。

(6)与市话网的连接:城市轨道交通公务电话网是一个独立的电话网,为了与外部进行通话,公务电话网与市话网络相连。

(7)特种功能:114查号,即程控电话设立114电话自动查号台,采用计算机查号,负责地铁内部各单位的电话查号工作;112故障台,即为提高通话质量、快速处理用户申告,设立112故障申告台。同时,根据要求和运营的需要,还设立119火警台、120急救台和110匪警台等。

9.2 专用电话

专用电话包括调度电话、站内电话、站间和轨旁电话。

9.2.1 调度电话

1)调度电话的组成

城市轨道交通调度电话,由调度总机、调度台和调度分机组成,并通过传输系统电缆相连。调度电话的组成如图9-3所示。

(1)调度总机。

调度总机是调度电话的核心,由具有交换功能的交换机组成,设置在控制中心,为调度人员提供专用的通信服务。城市轨道交通中一般设置行车调度、电力调度、环控调度、维修调度、公安调度等调度。调度总机还配有录音设备。

调度总机在硬件上和程控交换机相同,只是功能上有比较大的区别:程控交换机是为广大公众服务的,用户之间是平等的,而调度总机的服务对象是一个有严格上下级关系的群体;调度台在调度系统中处于核心地位,调度总机是为调度台服务的,而程控交换机的话务台只是完成来话转接;调度台在紧急情况下要求快速接通,调度总机的操作要求简单,如一键通等,而程控交换机需要一方一方地拨号呼出。

调度总机选叫某一分机时,选叫信号同时通过传输线送往各个分机,但只有相应被选的该部分机才能接选总机的选叫信号而振铃。分机振铃后,拿起话柄按下送话按钮便可对总机讲话。此时,总机如处在受话状态可直接听到分机的应答。总机呼叫分机时分机振铃三次无应答则自动断线,在分机上留有来电信息,分机呼叫主机时自动接通。

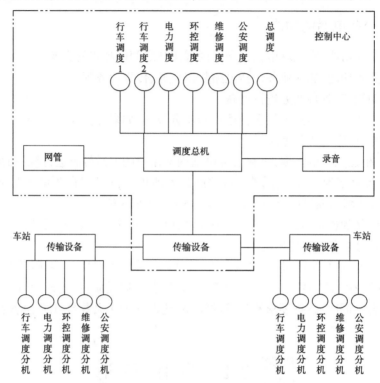

图 9-3　调度电话的组成

(2)调度台。

调度台配置在控制中心,有传统的按键式调度台和基于 PC 屏幕的软调度台。

①按键式调度台,有的调度台提供互相独立的双手柄,可由两个调度员共用一个调度台进行调度。调度台可单键完成单呼、固定组呼全呼功能,并有会议功能,能对分机进行任意的编组呼叫。调度台配置有液晶显示屏,用以显示时间、引导操作提示、来话信息、通话信息等。调度台一般有热线键、拨号键和功能键。热线键的一个热键对应一个用户、一组用户或全部用户,可以实现"一键通";拨号键和传统的电话号盘一样,可在热线键损坏时拨出电话号码或拨出外线电话;功能键有通话保持、重拨、免提、翻页等。按键式调度台如图 9-4 所示。

②基于 PC 屏幕的软调度台,在 PC 机中加入调度台应用软件,外接扬声器和电话手柄等。软调度台改进软件和增加摄像头可以组成多媒体调度台,提供可视调度电话。基于 PC 屏幕的软调度台如图 9-5 所示。

图 9-4　按键式调度台　　　　图 9-5　基于 PC 屏幕的软调度台

(3)调度分机。

调度分机配置在车辆段和各车站,通常采用普通话机或数字话机。调度总机与分机间点对点连接,分机接到中心调度员的选叫时铃响,业务员拿起话机手柄按下送话按钮即可与调度员通话;分机呼叫总机,摘机后无须按键即可直接接通总机,分机设有单工通话按钮和紧急呼叫键。

2)调度电话的功能

(1) OCC 各系统中心调度员与各站相应系统分机,OCC 各调度之间直接通话,各分机间不允许通话,必需的分机间通话需要由调度台转接。

(2)调度员可呼叫和应答某个被调用户,也可以呼叫和应答多个被调用户。

(3)调度员可通过紧急呼叫方式急呼被调用户,并可启动广播系统,寻找被调用户。

(4)多台调度机可以互联,组成无级或多级的自动数字调度网。

(5)调度台配会议电话终端,可召集电话会议,参加会议方由调度台设置,调度台指定会议成员发言,会议成员可提出发言请求。

(6)调度台设定告警等级及报警方式、清除告警。

(7)调度机公共部分冗余设备,设备能自动监测,故障时自动切换。

(8)调度台配有录音接口,可以接录音设备,记录调度员与分机、调度员之间通话。

9.2.2 站内电话

1)站内电话的必要性及连接方式

在车站内的站厅、站台、售票厅、客服中心和站控室等不同的工作地点和工作人员通常会有频繁的通信联系,若这些车站内通信通过公务电话会加重公务电话交换机和传输系统的负荷,二则拨号连接的方式不适合站内通信,所以在车站内部配置相对独立的电话交换系统。站内电话可以用普通拨号方式建立连接,各分机与车站值班台采用热线通话方式,分机间的通话由车站值班室转接,热线方式比较常用。还有延时热线方式,分机摘机后等待 5s 不拨号即呼叫车站值班室;若摘机后 5s 内拨了其他号码,则与其他分机通话。

2)站内电话的作用

站内电话可提供车站内部人员的直接通话和本站值班员与相邻车站或大区间值班员的双向热线通话;同时也能使乘客或车站工作人员在紧急情况下使用紧急电话。

3)站内电话的组成

站内电话由车站电话交换机、车站值班台和电话分机组成。车站电话交换机通常采用小型程控交换机实现,与公务电话交换机相连;车站值班台,设在车站控制室,供值班人员使用,一般用数字电话实现。电话分机,站内用户用普通电话机连接,一般一个车站有几十门分机。

9.2.3 站间和轨旁电话

1)站间电话

站间电话是供相邻车站值班员之间联系的直通电话,行车电话机的双方任何一方摘机即可与对方通话;站间行车电话通话范围是局限于两个车站值班员之间,不允许越站通话。

站间电话如图9-6所示。

2)轨旁电话

轨旁电话是为系统运营和维护及应急需要,安装在隧道里的电话,它是列车司机和维修人员在紧急情况下及时联系车站及相关部门的一种手段。轨旁电话由轨旁电缆连接站内交换机,轨旁电话机具有抗冲击性和防潮等特性,区间内150~200m安装一部电话,3~4部轨旁电话机并接使用同一号码,并且用多部电话交叉配置的方式以增加可靠性。轨旁电话可同时接站内电话和公务电话,通过插座或开关实现号码转换。轨旁电话如图9-7所示。

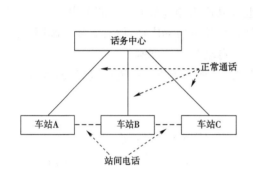

图9-6 站间电话

图9-7 轨旁电话

9.3 录音系统

录音系统应确保地铁控制中心调度员与车站运营人员之间调度指令和安全指令的正确保存,可对每个话路进行录音、监听、回放及识别来电号码,并运用信息化、网络化技术,为地铁调度提供现代化的管理手段,提高管理部门信息的收集、处理能力,以及联动和反应能力,为各级管理人员提供准确、及时的分析数据,提高管理的工作效率。

录音系统采用控制中心综合设备室的集中录音方式,采用带各种接口的双机热备数码式录音系统。在控制中心综合设备室设置集中录音系统网管服务器和录音查询终端,车辆段通信信号车间设置集中录音系统远程维护网管终端。各车站、车辆段(含综合基地)和停车场需录音的电话(含公务、专用、无线电话)和广播语音,通过PCM音频通道上传至控制中心,进行集中录音。集中录音如图9-8所示。

录音系统虽然是通信系统中一个独立的系统,但是它和电话系统关系密切。电话系统,特别是调度电话都有录音系统接口,以便实现调度员与分机、调度员之间通话的录音。

录音系统应具有录音、监听、通话统计、分级密码管理、来电显示等功能,可对各个录音节点录音数据的快速查询回放;集中录音系统与时钟系统定时进行校时服务,确保录音纪录与实际时间的一致性。

录音系统应能提供24h、365天不间断录音服务,应能保存3个月纪录数据,并可外置储存。数字式集中录音设备具有多路实时录音功能,实时录音记录,以便随时重放通信实况。

可靠性高,复原度高,保密性好,不可删改,查询方便。数字集中录音设备应为双机热备份,在故障情况下可自动转换,并具有手动转换功能;数字集中录音设备需要满足多信道同时24h不间断录音、不漏录的要求。在维护人员进行查询、监听或维护操作时,不影响设备正常录音功能;对录音设备查询、检索、监听、输出录音需使用分级密码权限管理,以方便对录音的管理。

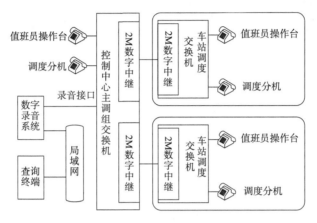

图9-8 集中录音

 复习思考题

1. 公用电话的组网方式及其优点有哪些?
2. 调度电话的配置及其与公用电话的区别有哪些?
3. 站内电话和轨旁电话配置的特点有哪些?
4. 录音系统的功能和要求有哪些?

单元 10　无线调度系统

知识点
1. 无线通信方式和多址技术；
2. 无线集群调度系统的功能；
3. 无线集群调度系统的控制和运行方式；
4. TETRA 数字集群调度的通信方式。

技能目标
1. 熟悉无线集群通信的特点；
2. 掌握漏泄同轴电缆的无线传输原理；
3. 掌握无线集群通信的集群和控制方式；
4. 掌握 TETRA-Motorola 手台基本的使用。

 10.1　无线通信概述

无线调度系统是城市轨道交通内部固定人员(如中心操作员、车站值班员等)与流动人员(如司机、运营人员、流动工作人员等)之间进行高效通信联络的唯一手段。

地铁无线通信除了应满足运营本身所需的列车无线调度通信和车辆段无线通信外,根据地铁运营管理的实际情况,还必须满足管理所需的必要的调度通信,如日常维修的维修调度无线通信,紧急情况下防灾调度无线通信以及必要的站务无线通信等。其中运营线路无线通信系统,用于运营线路控制中心调度员对相应的无线用户实施调度专用无线通信;车辆段/停车场无线通信系统,用于车辆段/停车场值班员实施调度作业专用无线通信。

10.1.1　无线通信的通信方式

无线通信的通信方式分为单工、半双工和全双工。

(1) 单工。

单工只支持数据在一个方向上传输,就和传呼机一样,如甲可以向乙发送数据,但是乙不能向甲发送数据。单工时,每个移动台只占用 1 个无线频道。

(2) 半双工。

半双工就是指一个时间段内只有一个动作发生,同一根传输线既作接收又作发送,虽然数据可以在两个方向上传送,但通信双方不能同时收发数据。采用半双工方式时,通信系统每一端的发送器和接收器,通过收/发开关转接到通信线上,进行方向的切换,因此会产生时间延迟。采用半双工方式时,每个移动台只占用1个无线频道。

(3) 全双工。

全双工可以同时进行双向传输,此时收发信机同时打开,双发可以同时讲话。全双工时,每个移动台同时占用2个无线频道。

采用单工和半双工可以节省无线信道资源,并降低无线终端设备电能损耗。

10.1.2 专用频道和集群方式

(1) 专用频道方式。

专用频道方式是根据用途配置频道,多少用途配置多少频道,每种频道只作一种用途,空闲也不作它用。

(2) 集群方式。

集群方式是所有用途共用一个频道,根据需要临时分配,设置一个控制频道和若干通话频道,通话频道数目少于用途数。平时移动台接收中心控制和向中心返回信息,通话时由中心分配通话频道,结束自动返回。

集群方式按照动态信道指配的方式实现多用户共享多信道,与专用频道方式相比有以下优点:

①共用频率,原分配各部门的频率集中,供各家使用;
②共用设施,将各家分建的控制中心和基站集中合建;
③共享覆盖区,各家邻近覆盖区网络互联,获得更大覆盖区;
④共享通信业务,利用网络有组织地发送各种专业信息;
⑤分担费用,共建网络大大降低机房等设备,减少运营人员,分摊费用;
⑥改善服务,多信道共用,调剂余缺;集中建网,加强管理与维修。

10.1.3 无线通信的多址方式

无线通信的多址方式,有频分多址(FDMA)、时分多址(TDMA)和码分多址(CDMA)三种。

(1) 频分多址(FDMA)。

频分多址是把信道频带分割为若干更窄的互不相交的频带(称为子频带),把每个子频带分给一个用户专用(称为地址)。频分复用(FDM)是指载波带宽被划分为多种不同频带的子信道,每个子信道可以并行传送一路信号的一种技术。频分复用(FDM)用于模拟传输过程,信道传输速率为30kHz。所有信道都可以作为单信号被扩大、控制,并转换为频带传送至目的地,该技术主要优点在于经济、实用。接收终端的接收者隔离复用信号,取决于接收频带传送还是拒绝过滤操作,并进行适合于特定波段或波段组调制方式的解调检波过程。一直以来,TDMA 和 CDMA 都是结合 FDMA 共同作用,也就是说,特定频带可以独立用于其他频带的 TDMA 或 CDMA 信号。在频分复用技术下,多个用户可以共享一个物理通信信道,该过程即为频分多址复用(FDMA)。FDMA 模拟传输是效率最低的网络,这主要体现在模拟信道每次只能供一个用户使用,使得带宽不能得到充分利用。此外,FDMA 信道大于通常需要的特定数字压缩信道,且对于通信沉默过程 FDMA 信道也是浪费的。模拟信号对噪声较为敏感,并且额外噪声不能被过滤出去。

(2)时分多址(TDMA)。

时分多址把时间分割成互不重叠的时段(帧),再将帧分割成互不重叠的时隙与用户具有一一对应关系,依据时隙区分来自不同地址的用户信号,从而完成的多址连接。时分多址是把时间分割成周期性的帧,每一个帧再分割成若干个时隙向基站发送信号,在满足定时和同步的条件下,基站可以分别在各时隙中接收到各移动终端的信号而不互相干扰。同时,基站发向多个移动终端的信号都按顺序安排在预定的时隙中传输,各移动终端只要在指定的时隙内接收,就能在合路的信号中区分出发给它的信号并接收下来。相比 FDMA,TDMA 具有通信信号质量高、保密较好、系统容量较大等优点,但它必须有精确的定时和同步以保证移动终端和基站间正常通信,技术比较复杂。

(3)码分多址(CDMA)。

码分多址是指不同用户传输信息所用的信号不是靠频率不同或时隙不同来区分,而是用各自不同的编码序列来区分,或者说,靠信号的不同波形来区分。如果从频域或时域来观察,多个 CDMA 信号是互相重叠的。接收机相关器可以在多个 CDMA 信号中选出其中使用预定码型的信号。其他使用不同码型的信号因为和接收机本地产生的码型不同而不能被解调。CDMA 抗干扰能力强、抗衰落能力强,由于采用宽带传输,在信道中传输的有用信号的功率比干扰信号的功率低得多,频率利用率高,不需频率规划。

10.2　无线集群调度系统

10.2.1　无线集群调度系统的通信需求

根据城市轨道交通运营组织和管理需求,无线通信系统应能够满足以下用户群的通信需要:

(1)控制中心行车调度员与在线司机之间的通话。

(2)列车司机之间的通话(通过行车调度员操作控制台转接)。

(3)综合控制室值班员与站内移动工作人员之间的通话。

(4)各维修小组移动维修作业人员之间的通话(包括车辆维修小组、机电维修小组、工建维修小组、供电维修小组、生产管理组等)。

(5)防灾作业人员之间的通话。

(6)车辆段/停车场行调值班员与车辆段/停车场内列车司机之间的通话。

(7)车辆段/停车场值班员与车辆段/停车场内持便携台作业人员之间的通话。

(8)车辆段/停车场防灾值班员与相关移动人员之间的通话。

(9)车辆段/停车场内持便携台作业人员之间的通话。

(10)公务电话用户与移动用户之间的通话(经授权)。

(11)不同组员之间通过调度操作控制台转接通话。

除了传统的话音通信需求,利用无线系统提供的无线数据传输通道,还可以在地面系统与车载系统之间提供数据传输通道。

10.2.2 无线集群调度系统的结构

无线集群调度系统,主要为下列三种用户提供服务:

(1)无线用户。此类用户可在系统无线覆盖范围内随意漫游,经过移动台进入并使用系统功能。

(2)调度台用户。此类用户可使用系统的进阶功能,从而有效地进行管理,并与不同的无线用户群进行沟通。调度台用户使用调度台进入并使用系统功能。

(3)系统管理员。负责进行日常对系统的管理和维护。系统提供一系列的管理应用帮助系统管理员完成此职责,可使用无线网管进入并使用网管应用。

城市轨道交通系统会配置多个基站,每一个基站为某地点提供无线覆盖,每一个车站自成一个小区,无线移动台用户可从一个小区移动到相邻小区。无线用户使用移动台,并通过空中接口协议与各基站连接。此协议提供一个机制,供各无线移动台在无须用户的干预下自动选择一个最合适的基站进行注册。如图10-1所示为多个基站同时提供系统覆盖。

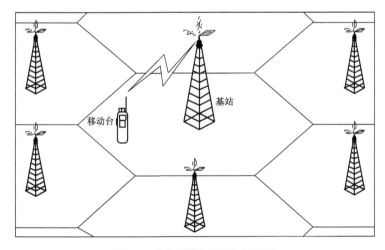

图10-1 多个基站同时提供系统覆盖

电波在隧道中传输很困难,它会被隧道墙壁很快吸收,从而使其传输衰耗大大增加,限制了通信距离。据有关试验表明,隧道中传播电波的频率越高,衰耗越小,例如在长3000m、宽80m、高4m的隧道中,在153MHz和300MHz的频率上,传播的衰减速度分别为40dB/300m和20dB/300m。为了解决电磁波在隧道中传输衰耗的问题,通常采用沿隧道敷设波导线的方法,使电磁波沿着波导线传播,从而减少传播衰耗。最常用的波导线,是漏泄同轴电缆。

漏泄同轴电缆,外导体为皱纹铝管,内导体是铝管或软铜轴线单线,并在外导体沿纵向周期性设置具有电波漏泄作用的槽孔,使电缆内的电磁能的一部分作为电波均匀地向外辐射。

当在漏泄同轴电缆的内外导体加上信号电压时,在内外导体有电流。在未开槽孔处,电流在外导体表面沿电缆轴向流动,内部磁场与轴向垂直,如图10-2a)所示。在开槽孔处,电流分解为槽孔长度和与其垂直方向两部分,磁场也为两部分,如图10-2a)、图10-2b)所示。槽孔长度方向的电流,因为槽孔很窄,电流几乎不漏泄,如图10-2c)所示。与槽孔垂直的电流分布大乱,磁场大量泄漏,如图10-2d)所示。电流为交流时,泄漏到外面的磁场产生电场,成为辐射电磁波波源。

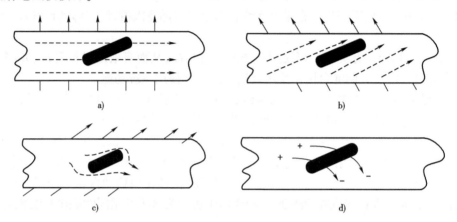

图 10-2　漏泄同轴电缆的工作原理

全套配置的无线集群调度系统如图 10-3 所示。

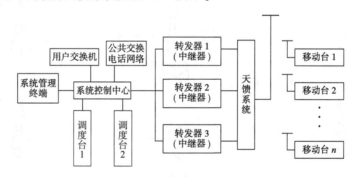

图 10-3　无线集群调度系统

此系统完全提供全套的系统功能。系统包括核心子系统、网关路由器、无线基站、调度设备、网管终端等功能模块。在此系统内再增配一些选项并自成系统,如核心冗余备份子系统、电话子系统、短数据子系统和分组数据子系统。总的来说,除了分组数据子系统需要短数据子系统的支援,和每一个应用编程界面需要经过边界路由器来实现二次开发应用外,每一个选项子系统为一个独立工作个体。

10.2.3　无线集群调度系统的功能

1) 基本通话功能

基本通话功能包括调度与移动台之间的短信传送功能、调度与移动台之间的紧急呼叫功能、列车在车厂与正线之间组别自动和手动转换及动态构组功能、组呼及全呼功能、调度台与有线电话的转接功能。

2）基本入网功能

入网时间短，按压PTT（按讲通话）0.5s接入语音信道，呼叫申请自动重发，遇忙排队自动回叫，紧急呼叫，限时通话。

3）可选功能

（1）新近用户优先。为刚刚脱离语音信道的用户提供信道，以重返系统完成通话，保持通话完整。

（2）动态重组。组呼设置需对用户台编程，用户台配发后，很难再对其重新进行编程，对用户重新编组就需要动态重组。

（3）位置登记及漫游。多区网联网工作，用户在大网内进行位置登记和漫游。

（4）连续信道指配更新。通话组未使用分配的语音信道，控制信道就发送信道分配信息；个别成员未能及时进入本组通话的，在控制信道收到连续分配信令后进入本组通话。

4）误导移动台保护

用户识别码不正确自动退回信令信道，保证信道用户通话的私密性。

5）遥毙

消除由于丢失或被窃移动台引起的潜在危险，中央控制器定时或不定时发送控制信令"遥毙"移动台。"禁用"表示限制移动台使用功能；"毙掉"表示移动台程序清除。

6）系统容错

系统容错功能包括中央控制器热备份，备用控制信道，故障弱化；连接终端，系统降级运行。

10.2.4 无线集群调度系统的运行方式

（1）调度呼叫下属用户，调度台人机界面选中移动台名称，系统通过CAD服务器转变为无线标识号，中央控制设备经处理传输到用户注册基站发送，移动台接收控制信号比较，证实呼叫。

（2）移动台与调度通话，移动台发送呼叫调度请求，调度回呼。

（3）手持电台之间组呼，呼叫本组：组选择按钮在本组，按PTT通话；呼叫他组用户：组选择按钮到他组，按PTT；保持在本组号旋钮，监视对方扫描功能呼叫。

（4）移动台单呼另一移动台，拨出对方ID号或预编对方名称呼出。

（5）车载电台呼叫车站，组选按钮到呼叫车站组，按PTT呼叫；车站电台私密呼叫车站台；所有车站设置到同组，不需呼叫车载电台调到自身组，呼叫时到此组。

（6）车站呼叫车载电台，所有车站设置到同组，不需呼叫车载电台调到自身组，呼叫时到此组；车载电台设置优先监视功能，所有车载电台统一设扫描功能，车站呼叫选择此按钮，按PTT呼叫。

10.2.5 TETRA数字集群调度系统

TETRA（Trans European Trunked Radio，泛欧集群无线电，现在已改为Terrestrial Trunked Radio，陆上集群无线电）数字集群通信系统是ETSI（欧洲通信标准协会）为了满足欧洲各国的专业部门对移动通信的需要而设计、制定统一标准的开放性系统。TETRA 是基于数字时分多址（TDMA）技术的专业移动通信系统，是目前研制的最周密、开放性最好、技术最先进、参与厂商最多的数字集群系统，在城市轨道交通无线通信系统中的使用非常广泛。

TETRA 数字集群通信系统可在同一技术平台上提供指挥调度、数据传输和电话服务，它不仅提供多群组的调度功能，而且还可以提供短数据信息服务、分组数据服务以及数字化的全双工移动电话服务。TETRA 数字集群系统还支持功能强大的移动台脱网直通（DMO）方式，可实现鉴权、空中接口加密和端对端加密。

1) TETRA 的基本通信方式

(1) V+D（语音加数据通信方式）：提供许多与语音和数据传输相关的用户终端业务、承载业务和补充业务。

(2) PDO（优化分组数据通信方式）：符合 TETRA（PDO）规范的设备只支持分组数据业务，在 25KHz 信道中，其有效数据传输率可高达 36kb/s。

(3) DMO（直通通信方式）：指 TETRA 终端之间不需要通过基站就可以直接通信的脱网通信模式。

2) 典型 TETRA-Motorola MTP850 的使用

(1) MTP850 的按钮和指示灯如图 10-4 所示。

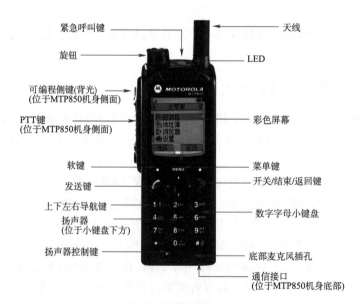

图 10-4　MTP850

①紧急呼叫按钮：按下紧急呼叫键，对讲机将进入紧急呼叫模式。紧急呼叫模式既可在集群模式（标准模式）下作用，也可在直通模式（不经系统）下作用。发起紧急呼叫的对讲机 ID 或用户别名将显示在所有接收对讲机的屏幕上，包括调度对讲机。

②旋钮：用户可以调节音量或查看通话组列表（两用旋钮），按下旋钮在音量调节功能和滚动查看列表功能之间切换。按下并按住旋钮锁定旋钮，再次按下并按住旋钮解锁旋钮；关机后再开机将自动解锁先前锁定的旋钮。

③PTT(Push To Talk 功能按钮):一键呼叫到目标,被叫可不摘机接听,是专用调度指挥通信中最重要的功能。

④待机屏幕:在空闲时,屏幕显示如图 10-5 所示,分别表示设备处于集群和直通模式。

图 10-5　集群模式和直通模式待机屏幕

⑤开关/结束/初始键:按下并按住开关/结束/初始键,对讲机开/关机。

⑥菜单键和星形键:先后按下菜单键和星形键锁定和解锁键盘。

⑦LED 指示灯:绿灯保持亮着表示正在使用;绿灯闪烁表示在系统覆盖范围内;红灯保持亮着表示不在系统覆盖范围内;红灯闪烁表示对讲机在开机时正在连接网络/进入 DMO 模式;橙色灯闪烁表示有呼叫正在呼入;没有指示灯显示表示关机。

(2)PT850 的呼叫。

集群模式(TMO)组呼是用户与自己选择的通话组中的其他成员之间的即时通信。组呼参与者可以在组呼过程中,加入(新增)和退出该组呼。通话组是预先规定的一组用户,可以加入和/或发起组呼。在对讲机的屏幕上,以号码和名称表示通话组。选择通话组,按下并按住 PTT 键可进行通话;松开 PTT 键可接听。如果需要呼叫另一个通话组,先更改／选择通话组,按下 PTT 键,在新的通话组发起呼叫。通话组中的成员如果开机,将收到该呼叫。

私密呼叫也称为点对点呼叫或个呼,是两个用户之间的呼叫,其他对讲机均无法听到通话内容。同一通话组或不同通话组之间的用户均可进行这种呼叫。在待机屏幕拨号,先按下然后松开 PTT 键,对讲机将发出铃声,等待对方接听呼叫(这种方式也被称为回呼)。或者按下并按住 PTT 键,等待对讲机发出"允许通话"铃声(如果配置了),然后松开 PTT 键接听通话。

直通模式组呼仅在紧急情况下使用,用户可以和同组的终端通信,组呼方式和集群方式相同。

 实训

使用 TETRA 数字集群调度系统练习无线通话

1. 实训目的

熟悉无线调度设备的使用,熟练无线调度的规范通话。

2. 实训设备

无线调度台、手台。

3. 实训步骤

(1) 熟悉手台各种按钮的使用方法和意义；

(2) 教师布置，让学生分别扮演不同角色调度、司机、站长、站务，进行无线通话练习。

4. 注意事项

(1) 标准通话格式如下。开始通话：自己呼号+呼叫对方呼号+请回话。应答：自己呼号+请回话。每次通话：自己呼号+内容(注意标准术语)+请回话；结束通话：自己呼号+内容+通话完毕。

(2) 常用术语：包括所有单位、请注意、正确、明白、请复诵、请回话、请再讲一次、请稍候、确认后继续、照办、错误、通话完毕、通信测试、接收正常、接收困难、接收不清。

(3) 有需要达到共识和安全相关信息，接收人必须向发送人复诵信息，以确保正确接收信息内容并严格遵行。

(4) 进行有关紧急事件的通信时，必须先说出"紧急事件"才能开始讲话，同时紧急信息有优先发送权；听到"紧急事件"时，有关员工必须即时让出通信频道，直至整个紧急信息已完全发送完毕并得到确认为止。

(5) 为保证信息的正确表达，必须注意保持正常谈话的自然节奏和模式。传递整段信息时，保持速度平稳并稍慢于正常谈话时的速度，切勿呼喊，亦切勿在句子尾段逐渐减弱声量，音调须较正常谈话时适度提高。

(6) 进行通话的发送者和接收者必须清楚确认对方身份，以确保正确传递信息。使用无线电设备时，必须采用编配给所用设备的呼号来识别身份，但不包括列车和进行事故管理。

 复习思考题

1. 专用频道和集群方式的区别有哪些？各有何优缺点？
2. 简述 FDMA、TDMA、CDMA 在通信中的使用。
3. 漏泄同轴电缆传输的作用和原理是什么？
4. 无线集群调度系统的运行方式有哪些？
5. TETRA 数字集群调度的通信方式有哪些？各自有什么特点？

单元 11　闭路电视

> **知识点**
> 1. 闭路电视的作用；
> 2. 闭路电视系统的构成；
> 3. 闭路电视的控制。
>
> **技能目标**
> 1. 掌握闭路电视系统构成及各主要部分的功能；
> 2. 掌握闭路电视的控制方式。

11.1　闭路电视的系统构成

闭路电视(CCTV)监视系统为控制中心行车调度员和车站值班员等提供有关列车运行、车站客流情况，以及防灾的视觉信息。它是提高行车指挥透明度的辅助通信工具，也是确保行车组织和安全的重要手段。当车站发生灾情时，闭路电视监视系统可作为防灾调度的指挥工具。

城市轨道交通闭路电视监视系统，由控制中心和车站两级组网(图 11-1)。两级调度指挥人员，均可通过控制终端设备对系统内的图像进行监视和控制。监控功能相互独立、互不影响。

图 11-1　城市轨道交通闭路电视监控系统

车站的图像摄取范围为每站的站台、站厅、自动扶梯、无人值守机房、变电所变压器室及 10kV 开关柜室等处,还应覆盖 AFC 的售票机和闸机、出入口、垂直电梯口及轿厢。车辆段的图像摄取范围为停车列检库、车场及其他各车库。

闭路电视监控系统由摄像机(含监听头,即话筒)、控制部分、传输部分、监视器、报警部分和网管部分 6 部分组成,如图 11-2 所示。

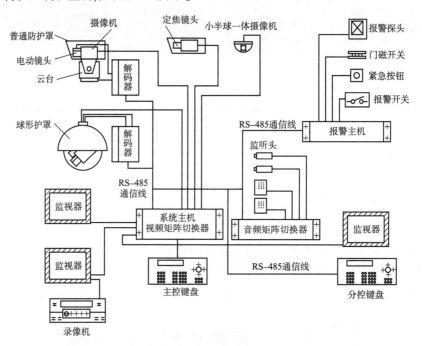

图 11-2 闭路电视监控系统的组成

摄像机输出的模拟信号经视频切换控制矩阵进行切换后,通过传输系统的视频编解码设备,送至控制中心视频切换控制矩阵。传输系统在控制中心设置 28 路视频解码器,将其中 20 路图像供行车调度员终端及大屏幕显示系统显示,8 路图像送至指挥中心,满足指挥中心对运营范围内图像监视选择切换的要求。控制中心至车站、车辆段的控制和网管信号远距离传输,由传输系统提供数据通道。车辆段通信信号车间通信系统网管室内,设置系统维护管理终端及针式打印机。

视频编解码设备,是城市轨道交通闭路电视监视系统重要的组成部分之一,起着极其重要的作用。视频编解码系统的主要功能,是将车站闭路电视监控系统的矩阵输出的车站模拟图像作模/数转换,数字压缩编码处理,形成能在传输网络中传输的数据流;然后利用传输网络将数据流传送至控制中心,再作相应的数字解压缩和数/模转换,还原成需要的前端模拟图像;最后接入控制中心闭路电视监控系统的矩阵,完成车站模拟图像的呈现。

要实现视频编解码系统的上述功能,需要配置相应的视频编码设备、视频解码设备以及视频服务器,如图 11-3 所示。

视频编码设备是将模拟图像作模/数转换,进行 MPEG-2 数字压缩处理,将形成的数据流接入传输系统,完成编码设备的功能。解码设备是将从传输系统接收来的数据流作解压缩和数/模转换,还原成需要的前端模拟图像,完成解码设备的功能。视频服务器的功能是管理编码设备和解码设备,按照事先定义好的指令来控制和管理系统内的各编码设备和解码设备。网管功能是对系统内各编解码设备的状态及参数的配置进行查询并形成日志,方便管理。视频服务器通过指令对各车站编码设备、控制中心解码设备进行控制,完成各车站图像资源的调用和设备管理。

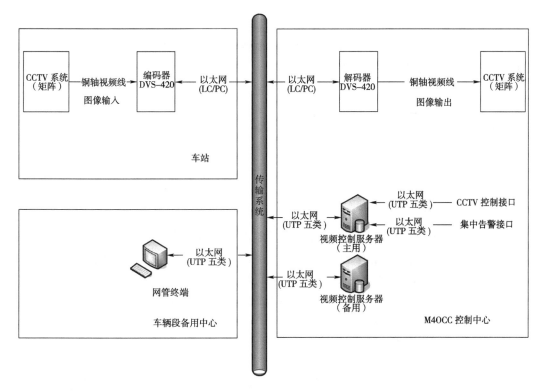

图 11-3 视频编解码系统

在各车站,视频编码设备与闭路电视监控系统(矩阵)相连,将闭路电视监控系统输出的模拟图像进行数字转换和数字压缩;编码器与传输系统之间用以太网和光口相连,将编码器处理的图像传送至控制中心。

在控制中心,视频解码器与传输系统之间用以太网和光口相连,接收各车站的数字图像,并完成解压缩和数模转换,将解码出来的图像传送给闭路电视监控系统(矩阵),完成各车站至中心图像的传输。

在控制中心,视频服务器与传输系统之间用以太网相连,视频服务器发出指令控制各车站编码器和控制中心解码器,完成编码器之间的切换功能。视频服务器与闭路电视监控系统有个控制接口,采用以太网接口相连,根据闭路电视监控系统的控制指令完成对编解码器的切换。视频服务器与通信集中告警系统有个告警接口,采用以太网接口相连,完成视频服务器向通信集中告警系统提供视频编解码设备的告警状态信息。

在车辆段通信信号维修中心,配置1套网管终端,这套网管终端采用以太网接口与传输系统相连,通过传输通道将控制中心视频服务器上的网管信息传输到这套网管终端上,以便查询各车站视频编码设备以及控制中心视频解码设备的工作状态。

11.2 闭路电视监控系统的功能

闭路电视在使用上要满足车站和控制中心的两级监视要求,所以需要满足以下功能。

1) 图像显示

(1) 摄像机的图像可同时在本站和控制中心显示。

(2) 中心调度员能够在远程,通过计算机控制终端遥控全线车站任何一台球形一体化摄像机的转动及其变焦镜头的焦距调节。

(3) 车站值班员能够控制本站一体化摄像机的转动及其变焦镜头焦距的调节。

(4) 司机可监视本侧站台乘客情况。

(5) 中央控制室和车站综控室可根据预先设置程序,在室内监视器上自动顺序循环显示图像。

(6) 中心调度室和车站综控室可手动切换,在室内监视器上和大屏幕上固定显示任意一幅图像。

2) 硬盘录像功能

控制中心的数字监控硬盘录像设备应可录制电视墙及行车、防灾调度的彩色监视器输出的内容。中心的录像功能有 LONG PLAY(24h) 和 NORMAL(3h) 两种模式。在 LONG PLAY 模式下,图像是不连续地跳跃的,24h 不间断录像;在 NORMAL 模式下,连续录取图像。正常时使用 LONG PLAY 模式,有突发情况或需实时录像转到 NORMAL 模式。在无视频信号输入时,录像自动停止。

3) 字符叠加编辑功能

(1) 摄像机输出的图像均应叠加上相应位置的中文字符。

(2) 字符位置可随意调整,各站字符单元应为统一字库,可根据摄像机的不同位置,随意变更位置名称的字符。

4) 网管功能

在控制中心的网络管理中心设置一套闭路电视系统的网管终端设备。该套设备主要负责对闭路电视监视系统的运行情况进行综合的监视与管理,在必要时对系统数据及配置作及时的修改。

5) 故障管理

能识别系统故障,并能对闭路电视系统设备发生的故障进行定位;能报告所有告警信号及其记录的细节;具有告警过滤和遮蔽功能;提供声光告警显示功能。

管理终端具有与调度员相同的监控功能,可对系统信息集中管理,对设备工作状态、图像质量、优先级控制等重要参数进行设置与监控,并具有向上级输出故障告警信息功能。

6) 系统管理

设备管理系统应可以与其选用的切换矩阵控制设备配套使用。所有系统控制功能均应在该操作平台上通过点击屏幕实现。用户菜单可以对系统进行快速简单的设置,其具有直观性以及图像标识、全线线路图及各站建筑示意图等功能,以简化操作和控制过程。

11.3 闭路电视的控制

车站值班员通过控制键盘可选择显示任意两幅本站图像,两幅图像可自动循环显示。站台监控室监视器显示本站站台图像,站台监视器固定显示本侧站台二合一图像。调度员通过控制键盘可选择调入任意一幅图像至本台监视器,电视监视屏幕墙可人工选择或自动显示同一车站的全部图像,也可同时显示不同车站任何图像。

控制中心和车站值班员图像具有不同的显示方式,可人工选择监视,也可按不同的编程规律自动循环显示。控制键盘可控制摄像机云台和镜头动作,可调焦、旋转、定点等控制功能。当控制中心和车站同时控制相同的云台、镜头进行选择监视时,环控(防灾)调度员具有最高控制权,向下依次为列车调度员、车站值班员、公安调度员。同一站台的两台摄像机图像合为一幅图像,岛式站的四台摄像机合为一幅图像。指挥中心调度员可通过控制器将对图像进行长时录像。

OCC 能在任一监视器上,实时显示任一摄像机画面。

在一台监视器上能自动(通过时序编程轮循显示)或手动实现任意摄像机及摄像机预置位图像的快速切换,并任意设定每幅图像的显示时间。

在监视器显示的图像上,可叠加显示日期、时间、摄像机号、预置位名称、被监视部位中文地址等有关信息。时间和字符能随意修改,中文地址能随图像一同随意切换。

能调整任一摄像机的工作状态:如云台的方位、预置位,镜头的焦距、聚焦、光圈、雨刷,照明等。

工作人员通过控制盘控制视频交换矩阵选择图像,通过操作键盘查看全站范围图像。每个摄像头单幅图片、分屏单元的站台分屏图像有单幅切换方式、分组扫描显示方式,单幅切换方式必须具备。

循环扫描方式就是按固定顺序固定图像循环显示,不需要操作键盘就可实现对全站或所需区域的查看。例如:

第一组为站台、站厅所有单幅图像,站台分屏图像;

第二组为站厅所有单幅图像,站台分屏图像;

第三组为站厅所有单幅图像。

第一组囊括所有本站图像,依次递减,满足不同需要,在不同监视器显示不同站图像。

车站分组显示功能的操作为,按车站将图像分组,同时显示同一个车站的所有图像。

站台分组显示的选择操作为,按站台进行图像分组,图像分为两组 P1 和 P2,P1 组显示站台上行,P2 组显示站台下行。

组的循环显示的扫描操作,也称为扫描功能,可以将以上的分组按顺序自动显示。

闭路电视 24h 不间断运行,在运营时间内,提供客流和列车情况;在非运营时间内,实时不间断提供现场图像并按需要进行实时录像,以保证安全。

复习思考题

1. 闭路电视的使用人员有_____、_____、_____和_____。
2. 简述闭路电视的功能。
3. 简述闭路电视常用的控制方式。

单元12 广播系统

知识点
1. 广播系统的作用及组成；
2. 广播系统的功能和控制；
3. 广播词及其使用。

技能目标
1. 掌握各种不同类型广播系统的使用方法；
2. 掌握中央广播和车站广播的使用方法；
3. 熟悉广播的控制及广播优先级；
4. 熟悉广播词及其使用。

广播系统是城市轨道交通运营行车组织的必要手段，它的主要作用有：对乘客广播，通知列车到站、离站、线路换乘、时间表变更、列车误点、安全状况，播放音乐改善候车环境；进行防灾广播，在突发紧急情况时，组织指挥事故抢险，提高应急响应能力；对运营人员广播，发布有关通知信息，协同配合工作。

12.1 广播系统的构成

广播系统是一个整体，典型的广播系统如图12-1所示。

广播系统主要包括声源、前置放大级、功率放大器、扬声器配电盘、扬声器组和录音设备等。

1）音源

音源包括传声器（话筒）、录放机、电唱盘、收音机、"咚"音发生器等。

2）前置放大器（调音台）

前置放大器对音频信号电压进行放大，在前置放大器中往往带有音量调节器、均衡器、混响器、延时器、移频器等，用来改善音质和适应重放环境。其中，音量调节器完成对音量的调节；均衡器对音色（频响）进行补偿或修饰，分为固定均衡器和可变均衡器；混响器是一种增加节目混响效果的设备,延时器是可将节目信号延时一个短时间的设备。这些设备可改善音乐、戏曲的演出效果。延时器还可用在远距离扩声时,校正几组不同距离扬声器的声延时。移频器可用来避免音频回授所产生的啸叫。

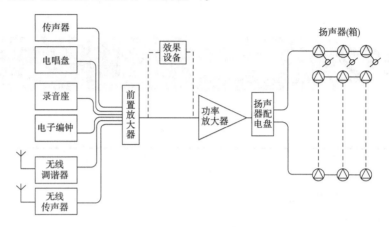

图 12-1　广播系统

3）功率放大器

功率放大器（功放）将前置放大器输出的音频电压放大至一定的功率,用以推动扬声器组。在大型广播系统中设置由多个功率放大器所组成的功放组,用以增大功率输出以及配置备用功放。

4）扬声器

扬声器的作用是将电能转换为声能。常用的扬声器有纸盆扬声器与号筒扬声器。广播系统的功率放大器通常采用恒压输出（类似 220 V 交流电源）。在一个功率放大器的输出线上可以并接多只扬声器,只要负载功率不超过功放的额定功率,并接的扬声器数量不限。

5）音频切换矩阵

在配置多个广播台与广播区域时,需要在前置放大器组与功放组之间插入一个音频切换矩阵。音频切换矩阵类似于一台空分交换机,用以完成任意广播台向任意广播区域进行可控制的广播。若在前置级对音频信号数字化后,进行数字处理,则通常采用数字音频切换矩阵。

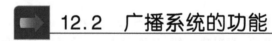

12.2　广播系统的功能

广播系统的功能分为以下 13 种。

1）操作功能

控制中心行车调度员通过中心广播控制终端可对全线、任意一个车站或多个车站、任意车站的任一选区或多个选区进行话筒、语音、线路等选择广播。车站值班员可通过车站广播控制终端对本站所有管辖范围的全选区、多个选区或单个选区进行话筒、语音、线路广播,通过车站广播控制台对本站所有管辖范围的全选区、多个选区或单个选区进行话筒、背景音乐广播。

2）多级优先广播功能

系统的优先级可根据用户需求灵活设置,包括现场广播、选择广播、紧急广播、最后班车广播、服务中止广播、站台自动广播、背景音乐广播。以上除现场广播外,其他广播内容均为系统预先录制的语句。若在同一广播区（群）需要进行不同的广播时,系统按表12-1规定的广播优先权处理。

广播优先权处理　　　　　　　　　　　　　　　　　　表12-1

广播语句类型		广播优先权			
		车站综控室值班员	站台值班员	无线广播	控制中心调度员
现场广播		1	3	3	2
预先录制语句	紧急广播	2	×	×	2
	服务中止广播	3	4	×	2
	现场录制广播	4	4	×	2
	车站控制广播	5	×	×	2
	选择广播	5	×	×	2
	最后班车广播	6	×	×	2
	站台自动广播	6	×	×	2
其他	测试口	×	×	×	×
	背景音乐	7	×	×	×

注：1. 表中"1"表示最高广播优先权,"7"表示最低广播优先权,"×"表示不适用;
　　2. 如广播优先权相同时,以先来先处理的原则处理或排队。

车站广播设备能处理多个语句同时在相同或不同的广播区（群）作广播。如广播区正在广播,后来广播的语句可排队广播。

广播语句排队的位置以提出广播的时间及广播语句的广播优先权决定。若广播语句有时间性要求（如站台自动广播）而在相同的广播区正在广播时,系统应自行忽略有时间性的广播要求,以避免造成时间性误播。

广播操作控制控制终端能显示所有广播区的广播情况,包括占用情况、现正广播及正在排队广播的文字内容。值班员可通过广播控制台内的迷你型扬声器监听任何广播区的广播情况。

3）预示音功能

系统在每次开始广播前均有标准的预示音发出。车站广播控制单元的语音合成模块（YH-MP）内设有预示音电路,在每次广播时,自动触发预示音电路,向选通的广播区播放预示音。广播预示音的开启和关闭,可通过车站广播控制终端进行控制。

4）广播编组及设定功能

中心、车站广播控制终端及中心广播控制台均可设置8个编组,用户可按编组操作程序对任意站、任意广播区选择组合编组,广播时仅按编组序号图标（按键）,即可对已存编组内的各广播区进行广播。本功能设定后,可以简化操作,实现快速地向多个广播区同时广播。

5）平行广播功能

系统具有平行广播功能,可将不同的信源通过不同的通道同时播向不同的广播区,即中心广播、行车广播、站台广播、列车到发自动广播等不同的信源,均可通过不同的通道将各音频信号同时连接到不同的广播区。

6）应急广播功能

车站广播控制台设有"应急"广播按键,当车站广播控制单元出现故障时,按下"应急"广播按键,将车站广播控制台的话筒广播音频通过应急通道直接送与功率放大器,对所有广播区进行应急广播。

7）监听功能

在中心广播控制台、车站广播控制台内均具有监听电路和迷你型监听扬声器。车站值班员可通过车站广播控制终端及车站广播控制台选择监听本站任一广播区的广播内容。

8）一键取消功能

在中心及车站的广播控制终端及控制台上均设有一键取消按键,当本地操作员误播或发现其他操作者误播,均可按一键取消键,可立即切断所有正在进行的广播。

9）集中录音功能

中心广播控制台、车站广播控制台及站台广播控制终端控制台均具有录音输出接口,所有现场人工话筒广播内容送往中心通信集中录音系统进行自动录音,中心、车站广播控制终端、站台监察亭广播控制终端并能记录通话日期、起止时间等管理信息。预先录制的语句、现场录制的语句及线路输入的广播内容不送往集中录音系统。

10）列车到发自动广播功能

车站广播机柜内的系统交换控制工控机设有与 PIS(乘客信息系统)的接口,系统交换控制工控机配置相应的语音存储器,通过 PIS 接收列车信息(包括列车接近、列车到达、列车离站等)。当收到列车某一信息时,自动启动并播放相应的广播内容。

11）无线广播功能

系统在中心和车站均具有与无线系统的广播接口,控制中心调度员可使用广播控制终端(通过无线通信系统)对指定的列车进行广播;车站值班员可通过无线移动台(无线通信系统)对站内进行广播。

12）广播与乘客信息系统联动功能

系统具有与 PIS 的接口(系统交换控制工控机,形式为每站一个 RS422 接口),用于接收 PIS 提供的列车在车站运行的乘客服务信息,包括站台自动广播及列车服务信息(列车接近、列车到达、列车离站)、最后班车广播及站务信息、服务中止广播及站务信息、车站控制广播及站务信息等。当收到上述信息后,自动启动广播系统,播放相应的广播内容。

13）双语广播功能

操作员在中心广播控制终端选取中文预制录音语句对车站进行广播时,系统能自动使用普通话及英语的相应录音语句进行广播。

12.3 广播系统的控制

广播系统由控制中心和车站两级控制,正常情况下以车站广播为主,事故抢险、组织指挥则以控制中心防灾广播为主。为了运营防灾的需要,控制中心环控调度员有最高优先级。在优先级上,环控调度员高于行车调度员,行车调度员高于维修调度员,控制中心调度员高于车站值班员,站长广播台高于站台广播员。同一广播优先级是:预存语音信息高于人工广播,通常预存信息防灾广播优先级最高。当多等级信息相继触发时,正在播放广播中断,自动进入按序等待状态。

广播系统主要由中央智能广播台、站长广播台、站台(轨旁)广播台、桌面广播台、车站广播和车辆段广播组成。

(1)中央智能广播台,设置在控制中心,具有语音、信号等控制能力,供环控调度员、行车调度员及维修调度员使用,出现紧急情况时,调度人员可对中心和车站任何区域广播。

(2)站长广播台,设于车站控制室,具有语音、信号及各种控制功能,可进行人工广播、线路广播、预存广播,以及车站值班员对站台、站厅、办公区广播。

(3)站台(轨旁)广播台,为全天候、有防护门的对讲台,可以防水,在恶劣环境下使用。站台广播设于站台中部的墙上,每站台一个,站台定向广播,轨旁广播设于车辆段及地面站轨道沿线,对检修区域定向广播。

(4)桌面广播台,设于车辆段范围的通号楼、检修楼、运用库,可对车辆段道岔群、检修主厂房、运用库定向广播。

12.4 车站广播词

车站广播以及时准确引导乘客安全、快捷乘坐城市轨道交通为原则。广播要根据CCTV或站台岗、站厅岗报告,观察、分析和掌握站台、站厅、扶梯、出入口的乘客实时动态,选择适当时机,确定广播内容和广播区域。无恰当的录音广播时,人工广播要先组织好语言再播放。进行广播时,严禁突然中断,严禁广播与运营服务无关的内容。

车站广播主要是安全广播、末班车广播、非正常情况下广播和其他广播和人工广播等。

1)安全广播

(1)候车广播:"乘客您好,为了您的安全,请站在黄线以内候车,谢谢合作。"

(2)列车进站时广播:"乘客您好,列车即将进站,请注意安全,站在黄线以内候车,上下列车时,请先下后上,注意站台与列车之间的空隙。谢谢合作。"

(3)列车关闭车门广播:"乘客您好,车门即将关闭,请不要越出黄线,不要手扶车门,谨防夹伤,谢谢合作。"

(4)列车客满播放:"乘客请注意,由于列车满载,请未上车的乘客注意安全,站在黄线以内,耐心等候下一趟列车,不便之处,敬请原谅。"

(5)雨天广播:"乘客您好,由于天气原因,地面和楼梯处较滑,请大家在行走、上下楼梯时注意安全,以免滑倒摔伤。"

2)末班车广播

(1)末班车出发预报广播:"乘客请注意,开往××方向的末班车即将出发,请抓紧时间上车。"

(2)停止购票进站:"乘客请注意,今天的列车服务已经结束,请停止购票进站。"

(3)关站广播:"乘客请注意,今天的列车服务已经结束,车站即将关闭,请尽快出站,感谢您乘坐列车,欢迎下次光临。"

3)非正常情况下广播

(1)险情疏导广播:"乘客请注意,因车站发生险情,可能危及您的人身安全,请听从工作人员的指引,尽快离开车站。谢谢合作。"

(2)列车故障清客广播:"乘客请注意,本趟开往××方向的列车因故需要退出服务,请耐心等候下一趟列车,赶时间的乘客,请改乘其他交通工具。不便之处,敬请原谅。"

(3)列车延误:"乘客请注意,开往××方向的列车因故延误,请耐心等候。赶时间的乘客,请改乘其他交通工具。"

(4)列车通过本站广播:"乘客请注意,本趟开往××的列车因故在本站通过不停车,请大家注意安全,站在黄线以内,耐心等候下一趟列车,谢谢合作。"

(5)车站拥挤广播:"乘客请注意,由于车站比较拥挤,请出站的乘客尽快出站,不要在站内逗留,谢谢合作。"

(6)自动售票机故障广播:"乘客请注意,自动售票机因故暂停使用,请到售票窗口购票,谢谢合作。"

4)其他广播

(1)安全广播:"乘客您好,为了您和他人的健康,请不要在车站内吸烟、吐痰和乱扔废弃物;如果您不慎有物品落入轨道,请不要自行拾取,请与工作人员联系,以免发生危险。"

(2)出闸广播:"乘客您好,出站时请将单程票投入右手侧闸机上方回收孔内,绿色指示灯亮后推杆出闸。"

(3)进闸广播:"乘客您好,进站检票时,请每人持一张车票放在右手侧闸机上方的绿色感应区内验票,绿色箭头亮后推杆进闸。乘车过程中请妥善保管车票,以免丢失。"

(4)自动扶梯安全广播:"乘客您好,为了您的安全,在乘坐自动扶梯时请站稳、扶好,不要将身体倚靠在扶梯上;不要在扶梯上玩耍、逆行,以免发生危险。"

(5)购票须知:"乘客您好,单程票仅限本站使用且当天使用,请不要提前购买车票,谢谢合作。"

5)人工广播

当无恰当的录音广播或者有其他紧急情况时,进行人工广播。

广播系统的使用及广播词的播报

1. 实训目的

熟练广播系统的使用以及广播词的播报和语言的组织。

2. 实训设备

广播系统一套。

3. 实训步骤

(1)熟悉广播系统的使用,选择合适的广播词及播报;

(2)按照安全广播、末班车广播、非正常情况下广播和其他广播联系广播的播报;
(3)设置不同的情景,让学生自行组织语言进行广播并进行评价。

 复习思考题

1.简述广播系统的控制级别。
2.简述广播系统的优先级。

单元 13 时钟系统

知识点
1. 时钟系统的构成；
2. 时钟系统的运行；
3. 时钟系统的控制模式。

技能目标
1. 掌握时钟系统的作用；
2. 掌握时钟系统的运行方式；
3. 掌握时钟系统的控制模式。

13.1 时钟系统的构成

时钟系统为控制中心调度员、车站值班员、列车司机、各部门工作人员及乘客提供统一的标准时间信息，为城市轨道交通其他系统的中心设备提供统一的时间信号。时钟系统的设置对保证城市轨道交通运行计时准确、提高运营服务质量起到了重要的作用。系统采用 GPS 标准时间信息。

GPS 的空间部分是由 24 颗工作卫星组成，它位于距地表 20200km 的上空，均匀分布在 6 个轨道面上（每个轨道面 4 颗），轨道倾角为 55°。此外，还有 4 颗有源备份卫星在轨运行。卫星的分布使得在全球任何地方、任何时间都可观测到 4 颗以上的卫星，并能保持良好定位解算精度的几何图像。这就提供了在时间上连续的全球导航能力。GPS 接收器捕获到按一定卫星截止角所选择的待测卫星，并跟踪这些卫星的运行。当接收机捕获到跟踪的卫星信号后，就可测量出接收天线至卫星的伪距离和距离的变化率，解调出卫星轨道参数等数据。根据这些数据，接收机中的微处理计算机就可按定位解算方法进行定位计算，计算出用户所在地理位置的经纬度、高度、速度、时间等信息。

系统采用控制中心与车站/车辆段/停车场两级组网方式。由中心一级母钟、车站/车辆段/停车场母钟（二级母钟）、时间显示单元（子钟）及传输通道、接口设备、电源和时钟系统网管设备组成，如图 13-1 所示。

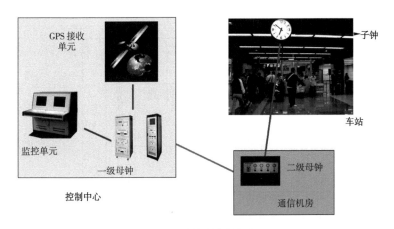

图 13-1　时钟系统的构成

一级母钟设于控制中心综合设备室，接收 GPS 信号，对自身时钟进行校准，其中高稳晶振工作钟采用主备用方式，主备工作钟能自动和手动倒换且可人工调整时间。

二级母钟设于各车站/车辆段/停车场通信设备室内，二级母钟采用一主一备工作方式，接收一级母钟的校时信号，并向子钟发送标准时间信号校准子钟。

子钟设于控制中心调度大厅和各车站的站厅(部分车站)、车站控制室、公安安全室、AFC 票务室、站台监察亭、问询处、交接班室、站长室、站区长室及其他与行车有关的处所，并在车辆段/停车场信号楼运转室、值班员室、停车列检库、联合检修库等有关地点设置子钟。

时钟系统网管设备设于控制中心通信网管中心，用于管理时钟系统，实时监测一级母钟、二级母钟的工作状态。当某个时钟设备产生故障时，一级母钟、二级母钟可实时将告警信号发送到控制中心时钟系统网管设备。在车辆段通号车间设置维护管理终端，通过传输通道与控制中心的网管设备相连，在车辆段实现对全线时钟的监控。

传输通道服务于一级母钟与二级母钟之间时钟信号和故障告警信号的发送和接收。传输系统控制中心、各车站、车辆段、停车场分别为时钟系统提供点对点 RS-422 数据通道，用于传送自控制中心至各车站、车辆段、停车场的校时信号，同时传送各车站、车辆段、停车场至控制中心的网络管理信号，由时钟系统一级母钟负责实现由各车站、车辆段、停车场至控制中心信息的汇聚功能。另在控制中心与车辆段通信信号车间之间提供 10/100M 以太网通道，用于维护管理终端接入时钟系统网管设备。时钟系统的构成如图 13-2 所示。

如图 13-3 所示是一套兼备时钟和时间功能的同步设备，可以有效地降低用户在同步设备投资上的重复性，减少网络上的设备单元，提高全网运行的可靠性。

数字同步网节点时钟设备整机配置为主从热备的工作方式，该设备有完善的系统告警功能、网络管理功能和系统配置功能。设备自身有声光告警，通过标准 RS-232 串口和以太网口对系统实现配置管理和告警管理。

为了满足通信网建设同步时钟的需要，开发了基于数字同步网建设需要的 I 级基准时钟源和 II 级节点时钟合而为一的独立型节点时钟设备。该设备可以作为 I 级基准时钟，接收 GPS 的同步信号，产生同步网建设中必需的 2048kHz 或 2048kb/s 信号；也可以作为 II 级节点时钟，以 I 级时钟或 BITS 为时钟源，产生 40 路的 2048kHz 或 2048kb/s 的时钟信号。

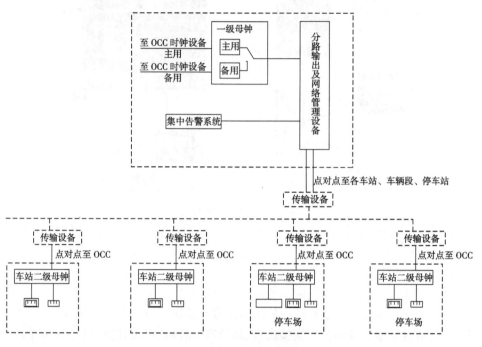

图 13-2 时钟系统的构成

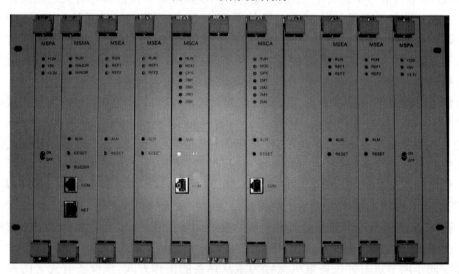

图 13-3 时钟同步设备

在接收源自地面定时基准信号同步时,在各种运行情况下,具有数字同步网 2 级节点时钟所要求的最低输出定时特性。在接受 GPS 定时信号同步时,具有数字同步网 1 级节点时钟所要求的跟踪输出定时特性。

具有简化了的同步时钟设备冗余配置、输出能力和监控管理能力的基本功能,两块电源板互为双工,平时分担负荷,也可独立供电,系统控制板提供远程管理接口和本地维护接口,并提供声光告警信号,时钟板是 MSC-I 的核心模块,主要实现参考源的接入,以及时钟的跟踪、保持功能；两块时钟板互为备份。

13.2 时钟系统的设备及运行

时钟系统的设备主要由中央级设备和车站级设备组成。

中央级设备主要是一级母钟系统，包括一级母钟和 GPS 接收单元。一级母钟自动接收 GPS 标准时间信号，校准自身的时间精度，并分配精确时间给二级母钟。中央级设备还包括 GPS 接收模块、一级母钟显示屏和 GPS 信号模拟输出模块等。GPS 接收模块将接收 GPS 信号转换为系统可辨认时间信息，再将时间信息通过系统总线传送给其他模块。当模块无法正常接收 GPS 信号时，通过内置高稳定晶振提供时间信号，4~8 个并行通道同时接收 4~8 个 GPS 信号；一级母钟显示屏按时、分、秒格式显示，全时标日期显示屏按年、月、日、星期、时、分、秒格式显示；GPS 信号模拟输出模块，模拟 GPS 信号输出，设计多个 GPS 信号输出端，直接输出 GPS 时间信号给特殊要求系统。

车站级设备主要是二级母钟系统，包括二级母钟、一级母钟信号同步模块、子钟驱动模块和信号输出模块等。二级母钟是同步一级母钟时间，然后驱动子钟运作。二级母钟能够自主产生时间信息，它与一级母钟是校对关系，而不是绝对服从。一级母钟信号同步模块，接收一级母钟标准时间信息，内建高稳定晶振，自主产生时间信息，定时与一级母钟校对，同步 GPS 标准时间；子钟驱动模块，驱动子钟运作，为子钟提供时分驱动；信号输出模块，为其他需要标准时间系统提供时钟信息，提供匹配的接口类型和传输通信协议。

时钟系统还包括外围设备，主要包括 GPS 信号接收天线和子钟。GPS 信号接收天线，一般采用全向天线，并采用全天候保护措施，以保证能同时接收 4 颗卫星信号。子钟，在站台、站厅，使用直径 800 或 600mm 子钟，双面显示且带背光照明，供乘客、工作人员使用，在办公区，采用 300mm 单面无背光照明子钟，供站内工作人员使用。

13.3 时钟系统的控制模式

13.3.1 中央控制运行模式

时钟系统正常状况的控制模式，此时一级母钟系统正常接收 GPS 信号，传送标准时间给二级母钟及其他需要时间信号的设备，当一级母钟不能正常接收 GPS 信号，通过自身高稳晶振运作提供时间信号给二级母钟等终端用户，以满足城市轨道交通运营的要求。此时各设备所接收的信号仍然来自一级母钟，只是这个时间信号并不是来自 GPS，而是来自一级母钟的晶振。

13.3.2 车站降级控制模式

当一级母钟不正常接收 GPS 信号且一级母钟故障不能向二级母钟传送时间信号时，使用车站降级控制模式。此时二级母钟自身高稳晶振运作提供子钟时间信号，但不向其他系统提供时间信号，当二级母钟故障时，子钟自行运作，继续向乘客提供时间显示。

复习思考题

1. 简述时钟系统的组成部分及其作用。
2. 简述时钟系统的运行方式。
3. 时钟系统中央级控制和车站级控制各有哪些特点?

单元 14　商用通信系统

知识点
1. 商用通信系统的需求；
2. 商用通信系统的构成。

技能目标
1. 掌握商用通信系统的组成结构及其功能；
2. 掌握多系统接入平台的使用。

14.1　商用通信系统的需求

近年,移动电话以极高的速度发展,我国移动电话用户成倍增长,用户对移动通信的要求也越来越高。但是作为日流量达几十万甚至上百万人次的城市轨道交通系统,移动通信不可能直接进入地下部分,移动通信到此往往不通,变成信号盲区,众多用户深表不满,甚至难以容忍,地铁"扫盲"已成为广大用户的共同心声,迫切要求改变地铁不通移动电话的不合理现状。

在地铁建设中,地铁公司起初只考虑到地铁车身的无线调度通信系统,对公众移动通信系统并无明文要求。世界上许多国家和地区以往也只是在线路开通运营后,才陆续建设移动通信系统,以致许多运营公司各自为政,形成地铁内有多个网络系统设备、传输天线和传输电缆,不仅增加了施工难度,而且由于重复建设,费用巨大。而现有的商用移动通信网络繁多,有 2G(GSM900、DCS1800、CDMA800)、3G(TD-SCDMA、WCDMA、CDMA2000)、4G(TD-LTE、FDD-LTE)、5G 等网络,不可能允许每个电信运营商都在城市轨道的地下铺设相应的电缆等,同时由于地铁移动通信系统造价高昂,除地铁本身的无线调度系统和公众寻呼系统外,非地铁公司一家所能承受。因此,地铁公司、移动运营公司共同研究协商,形成联建移动电话系统的协议。这样在地铁建设过程中,地铁移动通信系统建设也同步进行,地铁通车之日,移动电话在地铁全线也同时开通,从而避免了日后设计施工的不便和浪费。联建地铁移动通信,将取得"双赢"或者"多赢"。

由于目前的移动通信运营商有中国移动、中国联通和中国电信三家,为保证各运营商顺利接入无线信号,需要对各运营商的信号源进行统一建设。城市轨道交通商用通信系统的覆盖,需要考虑特殊环境的特点,尤其是在隧道中的覆盖。站厅、站台的覆盖已非常成熟,但隧道中的覆盖就要十分注意。由于列车速度较快,无线通信在地下车厢的覆盖受到较大的影响,为了让乘客有良好的通信体验,目前流行的 2G、3G、4G 和新起步的 5G 通信都要求做到均匀覆盖。

14.2 城市轨道交通商用通信系统的构成

城市轨道交通商用通信系统包括电源配电系统、传输系统和无线覆盖系统。

(1) 电源配电系统,为无线覆盖系统设备及传输系统设备等提供可靠工作电源。

(2) 传输系统,是一个基于光纤的宽带综合业务数字传输网络,主要为商用通信运营商提供传输服务,在移动通信系统基站至信号引入站之间提供传输通道,同时可为无线覆盖系统网管监控提供传输通道。

(3) 无线覆盖系统,是城市轨道交通商用通信系统最重要的部分,它为各移动通信运营商提供地铁内的良好覆盖。采用多系统接入平台(POI),实现了多频段、多信号合路功能,避免了室内分布系统建设的重复投资,是一种实现多网络信号兼容覆盖行之有效的手段。城市轨道交通中主要满足数字音频广播、2G、3G、4G、5G 无线通信等在地下车站和区间的延伸和覆盖,并预留未来数字电视引入地下的条件。

多系统接入平台(POI)是使多个电信运营商共用一个平台,多网络整合的一种最通用的方法,如图 14-1 所示。

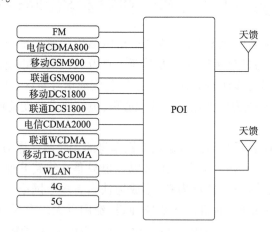

图 14-1 多系统接入平台

在每个地下车站商用通信机房各设置 1 套 POI,移动通信基站的下行信号经由 POI 合路后,再分别传送至站台层、上下行隧道区间、站厅层、出入口通道、商业区及换乘通道,完成射频信号的下行覆盖;反之来自站台层、上下行隧道区间、站厅层、出入口通道、商业区及换乘通道的上行信号,通过 POI 合路后,再分别送到各移动通信运营商基站的上行信号接收端,完成射频信号的上行传输。

数字音频广播经二功分器,一路采用低频接入器将信号接入 POI 隧道覆盖输出,在隧道区间共享漏泄同轴电缆实现覆盖,一路在站厅、站台、设备层采用低频天线实现覆盖。

上下行区间隧道采用漏泄同轴电缆进行覆盖,隧道内漏泄同轴电缆采用上下行信号分缆辐射。自POI下行输出端/上行输入端在站台两侧采用射频同轴电缆将无线信号引至隧道口;地下车站站厅层、地下车站站台、设备层、公共区域、出入口通道、商业区及换乘通道采用全向吸顶小天线进行覆盖;在较长隧道区间,为实现无线信号覆盖,需设置光纤直放站,光纤直放站前后端应设置多频段分合路器,将漏缆中的多系统、宽频信号按系统制式分路出来,采用不同系统的光纤直放站分别放大。

这种在隧道采用无线基站接入、漏泄电缆传输实现地铁内移动通信覆盖的方案较以往采用直放站接入或基站接入、地铁站厅站台(不包括隧道)使用分布式天线无线传输效果好,技术先进,施工简便,尽管投资大大高于后者,但这种系统能够包含多种无线体制,如2G、3G、4G、5G通信方式,甚至还包括FM广播频段和视频信号等在内,地铁公司自行引进或建设的数字集群系统亦可包括在内。这使得城市轨道交通商用通信系统的网络组建更加灵活。

复习思考题

1. 简述商用通信系统的作用。
2. 简述商用通信系统在站台和隧道接入方式的特点。
3. 简述商用通信系统上下行信号覆盖的特点。

单元 15　乘客信息系统

知识点
1. 乘客信息系统的构成；
2. 乘客信息系统的功能。

技能目标
1. 掌握乘客信息系统的作用；
2. 掌握乘客信息系统各部分的功能。

 ## 15.1　乘客信息系统的构成

乘客信息系统的设置，是为了方便乘客的候车、乘车，让乘客通过显示屏及时了解列车的运行状态及注意事项，从容候车和上车。乘客信息系统如图 15-1 所示。

图 15-1　乘客信息系统

乘客信息系统是依托多媒体网络技术，以计算机系统为核心，通过车站和车载显示终端为媒介向乘客提供信息服务的系统。乘客信息系统在正常情况下，提供乘车须知、服务时间、列车到发时间、列车时刻表、管理者公告、政府公告、出行参考、股票信息、媒体新闻、赛事直播、广告等实时动态的多媒体信息;在火灾、阻塞及恐怖袭击等非正常情况下,提供动态紧急疏散提示。车载设备通过接收无线传输的信息经处理后实时在列车车厢 LCD(液晶显示屏)进行音视频播放,使乘客通过正确的服务信息引导,安全便捷地乘坐轨道交通。

15.1.1 乘客信息系统按控制功能划分

乘客信息系统按控制功能划分为四个层次:信息源、中心播出控制层、车站车载播出控制层和车站车载播出显示终端设备。

(1)信息源,主要设备为视频流和数据服务器,向整个系统发放网络视频和数据,能够同时提供多种视频标准的视频。

(2)中心播出控制层,主要负责信息的采集、编辑和播出以及对系统内的播出设备进行集中的播出控制管理。通过对各个车站的播出设备进行集中控制,各个车站乘客信息系统实现无人值守的运行,降低了人为操作带来的故障。

(3)车站车载播出控制层,可以在此即时编辑指定的信息,并发布到指定的终端显示屏,提示乘客注意,可以进行整个车站的某一/某组的工作状态切换,对车站的所有播放设备的操作控制。

(4)车站车载播出显示终端设备,包括站台显示器、车厢显示器、乘客紧急报警通信装置和扬声器。站台显示器显示即将进站的列车信息以及车站状况的信息;车厢显示器显示列车车厢状况,播放新闻、注意事项等,同时提供广播、磁带、CD、小影碟播放娱乐服务;乘客紧急报警通信装置可在乘客遇到紧急情况时向乘客系统产生报警信息,有防止误操作功能;扬声器提供车内广播,为乘客提供语音信息。

15.1.2 乘客信息系统按结构划分

乘客信息系统按结构划分为四部分:中心子系统、车站子系统、网络子系统和车载子系统,如图 15-2 所示。中心子系统、车站子系统通过网络子系统进行连接。

(1)中心子系统。中心子系统在整个系统中主要负责外部信息流的采集、播出版式的编辑、视频流的转换、播出控制和对整个系统设备工作状态的监控以及网络的管理。控制中心子系统主要有中心服务器、中心播出服务器、中心操作员工作站、中心网络管理/系统监控工作站、网络视频、DVB 数字电视设备等。整个控制中心设备构成了一个完整的播出和集中控制系统。同时,控制中心子系统还将提供多种与其他系统的接口。

(2)车站子系统。车站子系统的主要构成包括车站服务器、车站操作员工作站、流解码器、信息播放控制器、分屏器、车站网络系统和现场显示设备等,车站子系统通过传输通道转播来自控制中心的实时信息,并在其基础上叠加本站的信息,如列车运行信息、公告信息和各类个性化信息等。

(3)网络子系统。网络子系统是基于通信系统的传输网来实现具体功能,通过在骨干传输网上组建成一个典型的 IP 网络来传输从控制中心到各车站的各种数据信号和控制信号。

(4)车载子系统。传统的乘客信息系统只有车站的信息向导,无全网概念,系统功能较弱。随着无线传输的成熟,很多的城市轨道交通乘客信息系统设置了车载的乘客信息系统。中心子系统与各车站子系统通过传输系统相连,车载子系统与各车站子系统通过无线网络相连,接收相关的信息并在列车的显示屏上显示。车载信息显示系统的建设是为了更好地提高对乘客的服务质量,通过此系统,中心能快捷、方便地将一些热点新闻、资讯信息、交通状况、体育赛况、天气预报、时政要闻、股票、广告和公告等信息,通过视频、音频或文字的方式传播到车上,供乘客消遣、娱乐,并及时了解到对自己有用的信息。车载子系统最核心的问题是无线传输,目前用于车地通信的无线网络有无线局域网(WLAN)、WinMAX、数字电视地面广播、地铁专用无线通信(数字集群 TETRA),采用 TETRA 提供的传输通道不需另建无线网络,但采用此方式时,传输带宽较低,车地间信息传输内容和类型有局限性,目前通常采用 WLAN 方式。另外,为实现大量数据向列车的传输,可在车辆段设置系统节点,通过无线方式向列车传输部分大容量数据。

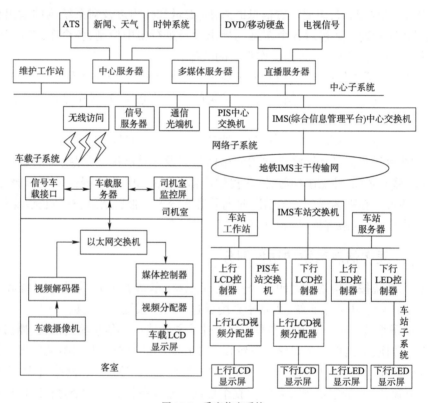

图 15-2 乘客信息系统

15.2 乘客信息系统的功能

乘客信息系统的主要目的是通过控制中心对通道子系统的控制,在指定的时间,将指定的信息显示给乘客。乘客信息系统的功能如下:

(1)系统具备紧急疏散程序。当事故发生时,操作员透过操作工作站操控紧急程序,将指定的信息显示给乘客。

(2)多媒体动态广告、静态广告、网络广告,多种广告相结合方式,为地铁带来更多广告收入,同时为广告主提供多种广告形式。

(3)实时信息显示。播放实时视频信号(如电视台模拟或数字节目)及其他监控视频信号,在所有 PDP(等离子显示屏)及 LED 全彩屏上显示。实时信息能够透过控制中心操控包括周时间表、日时间表、节日时间表、季度时间表等。每个显示终端将根据控制中心发过来的时间表以及相关文件,根据预先编辑设定的时间表自动播放多种文件格式、日常信息,包括广告信息、定时的欢迎信息、紧急信息等,紧急信息可以优先覆盖预定义的播放信息,并可手动消除。

(4)多语言支持。地铁中常有来自不同国家、不同民族的乘客,因此要求乘客信息系统在乘客资讯这方面有多语言版本。可以播放预定义的简体中文、繁体中文以及英文信息,紧急信息可以优先覆盖预定义的播放信息。紧急信息可以手动清除。

(5)网络传输。基于 TCP/IP 通信网络,无论是在网络设计还是系统设计方面要充分考虑到系统将来的扩展性。例如:控制器与 PDP 的接口方面尽量采用通用接口,尽量采用软件解决办法去解决分辨率、压缩、解压等问题。

(6)显示系统可与系统时钟同步(针对所有终端),在没有时钟的地方,显示屏幕提供显时服务,时钟的显示可以为数字显示或模拟时钟方式。

(7)多媒体显示控制软件支持显示屏幕多区域分割功能(包括 PDP 及全彩屏),视频显示支持多样的播出功能:同屏幕显示多个子窗口,各个子窗口可支持不同的播出方式,信息播出版面效果根据需要随时更新,针对所有 PDP 及全彩屏。

15.3 乘客信息系统的接口

(1)与传输系统接口,传输系统为 PIS 和 CCTV 专业提供一路共享的以太网通道。

(2)与 CCTV 的接口,PIS 在中心将列车视频监视信息传送给 CCTV 车站交换机系统,CCTV 系统接收列车视频监视信息后提供给相关人员进行调用显示。

(3)与时钟系统接口,PIS 与时钟系统进行时间同步。

(4)与 FAS 的接口,PIS 与 FAS 接口软件能够接收并解释 FAS 发送的命令,并回送 PIS 的状态给 FAS。

(5)与 ATS 的接口,PIS 与 ATS 接口软件能够接收并解释 ATS 发送的命令,进行列车进站、位置等信息的显示。

15.4 乘客信息系统显示优先级

乘客信息系统主要是确保乘客安全到达目的地,在此基础上给乘客提供更多的信息和商业广告等,因此在乘客信息系统中必须考虑信息显示的优先级。高优先级的先显示,相同优先级的按先后顺序显示。

紧急灾难信息的优先级最高,然后依次是列车服务信息、乘客导向信息、站务信息、公共信息和商业信息。

高优先级的信息可中断低优先级信息的播出,低优先级的信息不能中断高优先级信息的播出。当高优先级信息被触发时,低优先级信息被中断停止播出,如果发生紧急信息,自动进入紧急信息播出状态,其他信息播放终止,系统以醒目的方式提示乘客紧急疏散,直到警告解除。相同优先级的信息按信息出发的先后顺利播放。

复习思考题

1. 简述乘客信息系统按控制功能的分类及各部分的功能。
2. 简述乘客信息系统的功能。
3. 简述乘客信息系统的优先级及其播放。

附表

英文缩略对照表

ADM	系统管理服务器	ID	身份识别
ADSL	非对称数字用户线路	IMS	综合信息管理平台
AFC	自动售检票系统	LAN	局域网
AP	接入点	LCD	液晶显示屏
AR	自动折返模式	LED	发光二极管
ATC	列车自动控制	LEU	轨旁电子单元
ATM	异步传输模式	LOW	现场操作工作站
ATP	列车自动防护	MMI	人机交互
ATPM	有 ATP 监督的列车控制	NRM	非限制人工驾驶
ATO	列车自动驾驶	OCC	控制中心
ATS	列车自动监控	OTN	开放式传输网络
AU	管理单元	PABX	用户交换机
BS	基站	PB	停车制动
CBI	计算机联锁	PC	个人计算机
CBTC	基于通信的列车控制	PCM	脉冲调制
CCTV	闭路电视	PDP	等离子显示屏
CDMA	码分多址	PID	乘客向导系统
CI	计算机联锁	PIIS	乘客信息与向导系统
CM	编码模式	PIS	乘客信息系统
COM	通信服务器	PSD	安全门
CPU	中央处理器	PSTN	公共交换电话网络
DCS	数据通信系统	PTI	列车自动识别
DMI	司机人机接口	PTT	按讲通话
DTI	发车计时器	RM	限制式人工驾驶
EB	紧急制动	SDH	同步数字序列
EU	电子单元	STBY	自动折返
FAO	全自动运行系统	TDMA	时分多址复用
FAS	火灾自动报警系统	TD-SCDMA	时分复用码分多址
FDM	频分复用	TETRA	泛欧集群无线电
FDMA	频分多址	TOD	列车显示屏
GPS	全球定位系统	VOBC	车载控制器
GPRS	通用分组无线业务	WLAN	无线局域网
GSM	全球移动通信	ZC	区域控制器
HMI	人机交互		

参 考 文 献

[1] 何宗华,汪松滋,何其光.城市轨道交通通信信号系统运行与维修[M].北京:中国建筑工业出版社,2007.
[2] 贾毓杰.城市轨道交通通信与信号[M].北京:机械工业出版社,2011.
[3] 上海申通地铁集团有限公司轨道交通培训中心.城市轨道交通信号技术[M].北京:中国铁道出版社,2012.
[4] 李伟章.城市轨道交通通信[M].北京:中国铁道出版社,2013.
[5] 李丽兰.信号联锁设备维护[M].北京:化学工业出版社,2014.
[6] 付兵,廖理明.城市轨道交通CBTC信号系统[M].北京:中国铁道出版社,2016.
[7] 张建平.城市轨道交通列车运行自动控制系统[M].成都:西南交通大学出版社,2017.
[8] 杨屏.城市轨道交通通信技术[M].北京:机械工业出版社,2017.
[9] 徐文燕.城市轨道交通专用通信设备维护[M].成都:西南交通大学出版社,2017.
[10] 林瑜筠.城市轨道交通信号基础设备[M].北京:中国铁道出版社,2019.